●當你活得夠久，不管生命對你多殘酷，你都會對自己如是說：「一切都會好轉的。」

查理的 百歲人生

教會我的事

王曉伯 譯

DAVID VON DREHLE

The Book of Charlie

一切都會 好轉的

Wisdom from the Remarkable American Life of

A 109-YEAR-OLD MAN

大衛・馮・德雷爾

獻給羅伯・D・理查森二世（Robert D. Richardson Jr.）

鮑伯

一九三四年——二〇二〇年

導師、隊長、朋友

推薦文

我一定要推薦這本書，它充滿了歷史、智慧、常識與歡聲笑語。我眞希望我是住在查理的對面，而且活到一百零九歲。

——湯姆・漢克（Tom Hank），國際影星

在生命的前半段，我們會使用「加法」——在其上累積許多體驗，擁有許多財物，結交朋友，成長我們的能力。在生命的後半段，我們會使用「減法」——因爲我們知道只留下必要的，可以讓我們活得更輕鬆，並且留下空白等待著驚喜現身。

查理的人生豐富，單單只是直白的描述，就已經給了讀者異常珍貴的禮物。世界變動太快，我們容易陷入茫然，偶爾不知道要前往何方。但查理的智慧，讓我們懂得踏踏實實地活在每天的生活裡，活得專注投入、不負摯愛，並且保持對明日的盼望。

查理一個人，就活出了好幾代的歷史。我願跟著讀者一起進入這座難得的寶山，展開雙手滿載而歸！

——洪仲清，臨床心理師

目次

Chapter

01

以前在我四個孩子還小時，我每天晚上都會坐在他們臥室外的走道上，在黑暗中拿著手電筒爲他們唸故事書。我們讀過數千頁的《哈利波特》（*Harry Potter*），也和《荷馬．普萊斯》（*Homer Price*）一起做過上千個甜甜圈。我們與雷蒙娜（Ramona）和碧祖絲（Beezus）在克里基塔特街（Klickitat Street）共度美好時光，也和皮芬家（Pevensie）的孩子們一同在納尼亞（Narnia）探險。我們狼吞虎嚥地讀著《葛瑞的囧日記》（*Diaries of A Wimpy Kid*），被捲入一連串的不幸事件當中。我們爲《紅色英勇勳章》（*The Red Badge of Courage*）激動不已，也爲《紅色羊齒草的故鄉》（*Where the Red Fern Grows*）感動落淚。當然不能少的是，我們不只一次返回艾瑞柏農莊（Arable Farm），徜徉於《夏綠蒂的網》（*Charlotte's Web*）所編織的奇蹟之中。

多年來我一直享受著這一批全神貫注的忠實聽眾，但是隨著孩子們日漸長大，開始有了自己關心的事情，我知道我們共享的歡樂時光已近尾聲。他們很快就要忙著準備期末考、跟喜歡的人玩FaceTime、在Netflix看影片直至深夜。我所擔心的那個時刻在我們讀完又一本《彼得與摘星人》（*Peter and the Starcatchers*）冒險故事之後出現了。我的次女建議以後無限期終止晚間故事的環節，其他孩子（比我所希望的更快地）紛紛表示贊同。

在晚間故事時間終止之前的某個日子，孩子們無意間得知老爸也是某種類型的作家，於是他們要求我也爲他們寫一本書——就是我每天晚上拿著手電筒爲他們朗讀的那種故事書。我也很想如他們所願，從我的帽中變出戲法，信手拈來一則新奇有趣的傳奇，一篇講述勇敢機智的年輕人冒險犯難、勇闖新世界的故事。但是每當我想執筆寫一部給孩子閱讀的小說時，總是以失敗告終。我逐漸認清自己無法在我們的晚間故事歲月結束之前滿足他們的心願，而我未能寫出一部適合他們的書，也將讓我令他們失望的事情又添一樁。一位父親總希望成爲孩子們純真的心目中所想像的那樣了不起的人，讓他們的幻夢永遠不要破滅。也許有的父親做得到，至於我，我的孩子長大後都了解老爸的短處，也不再提起要我專爲他們寫本書的事情了。

不過，此時此刻，你在讀的正是那本書。

我承認這不是他們想要的那種書，雖然其中有不少英勇犯難與悲歡離合，但是並沒有他們想要的城堡或是海盜船，甚至沒有柔情蜜意的羅曼史。本書的主角無疑充滿魅力，但他不是英雄，更絕對不是超級英雄。本書沒有法力高強的巫師、解決懸案的孤兒、時光旅行，或是善解人意的會說話蜘蛛。這不是他們開口要求的書，不過我確信這是他們將會需要的一本書。

因爲，這本書講的是在逆境與革命性的變革之下的生存，甚至勃發之道。今天的孩子們——不論是你的還是我的孩子——未來都將生活在一個充滿劇變的環境之中。有些變化是可以預見的，然而也有一些突如其來的挑戰，例如全球性的疾病大流行。所謂大風起於青萍之末，我預料自動駕駛車與對話機器人只不過是個開始而已。因爲車輛與機器人是工具，工具的演進並不必然會改變世界。畢竟，在我這一代，接觸的是電晶體收音機與十九吋的特麗霓虹彩色電視機。如今我們有的則是Spotify與八十五吋的超高畫質電視。但是儘管如此，我們依然是以手持式裝置來聽音樂，透過玻璃螢幕來觀賞平面影像。

革命性的變革就不一樣了。它具有重建社會、文化，以及經濟與政治制度的力量。看看古騰堡（Gutenberg）的印刷術。在印刷術問世之前，大部分的人都沒有理由學習識字。資訊的傳遞只能靠著口耳相傳或是手寫文稿，既慢又不可靠。知識的積累十分緩慢，因爲人們只能向家族或村莊中的長老學習。印刷術使人們終於得以有效且成本低廉地遠距聯繫，甚至可以跨越時間。印刷術的影響深遠無比：宗教改革、啟蒙運動、科學與工業革命、民主與自由市場的興起、蓄奴制度的廢除、探索時代的來臨，包括人類對太空的探索。這些變革都是拜印刷術所賜。如果活版印刷——僅僅是一些木塊與鉛字模——能夠有如斯影響力，那麼把全世界的圖書館與語言置於每一個人的手中、賦予每一個人大眾傳播的力量，在如此一場革命之下又會出現何等變化啊？

隨著世界上的生產力愈來愈多是來自人類與電腦的互動，工作的本質也在發生變化。歷史教導我們，工作場域的變革往往會帶來劇變。當捕獵被農耕所取代，部落與遊牧民族的世界也變成了城邦、國家與帝國的天下。在那些工業化與市場經濟取代自給自足農耕的地方，文化都勢必再次重建。屬於君主與沙皇的封建國度最後也讓位給由財政與官僚體制主宰的機械化社會。對某些人來說，這個新世界代表疏離與衝突，但是對其他人而言，這個世界象徵自由與啟發。例如婦女獲得解放，得以減少生育，少生孩子意味著可以有更長的壽命與更多的時間去思考。孩子獲得更好的餵養，更少需要從小艱苦勞動。壽命延長表示有時間接受教育，而教育則會教導人們去夢想。今天，我們或許認為父母總是希望他們的孩子擁有一個光明的未來，但是人類過往的歷史有一大部分顯示，父母對小孩的預期不過是與他們一樣度過殘酷又短暫的人生。是宮殿還是茅屋，一個人生在何處就底定了他的命運。

我確信數位革命就和過去所有的革命一樣，已開始發動其無遠弗屆、沛然莫禦的影響力。社交網路的破壞性力量已使得政治風景為之改觀。我們的新聞與資訊來源——公民對話的泉源——在無限多的選擇下瓦解。尋找伴侶的儀式也被演算法媒婆與虛擬單身酒吧所重塑。現行體制受到破壞，過去屬於局部性的威脅，從恐怖主義到新型病毒，都已走向全球化。

父母都希望能給孩子們邁向成功人生所需的工具。但是我們的孩子踏入的是一個陌生又無法預測的世界，父母愛莫能助，只能在一旁擔心今日提供的工具是否會變成明日的累贅。但願老天爺保佑我們的建議不會引領他們走錯方向。

數位革命方興未艾，我擔心我對此一變革的了解不足以幫助我的孩子們。我了解在工具方面的變化，但是對於整體文化與社會可能受到的影響卻所知甚少。雖然我曾多次見證令人驚奇的科技變革，但是我的生活與我的父母並沒有太大不同。我的父母是成長在收音機還是新玩意兒的時代，我則有機會看到收音機演進成廣播事業、衛星電台與無線串流。同樣道理也適用於飛機、報紙、內燃引擎、電視網、共和黨與民主黨的對立、「現代醫學」，以及數以千計的其他事物類型，儘管新設備出現時令我們驚嘆不已，到頭來也爲我們的生活帶來某種穩定。然而在我的孩子的人生中，這些既定類型可能會完全消失，被新的類型取而代之。

我開始明白我必須回溯到前一個或兩個世代，爲他們尋找一位榜樣——一名眞正在變化之海上乘風破浪的人。我必須回到農業社會的最後幾年，也就是中產階級仍過著沒有電力與自來水的生活，人類還不會飛行、抗生素尙未存在的時代。我需要找到這樣一個人，他的早年生活有如拿破崙或達文西時代的農民。在他原先身處的世界，馬車的數量多過汽車，圖像都是靜止的，國家是由國王來統治。我要找的是一位出生於一九〇〇年代初期，一直活到二〇〇〇年代的人物，他的一條腿立足於牲畜勞動力與白喉肆虐的時代——只有百分之六的美國民眾擁有高中學歷——另一條腿則立於太空站與機械手臂手術的時代。這樣的人物從《一個國家的誕生》（*The Birth of a Nation*）電影所描寫的種族對立一路走到非裔總統巴拉克·歐巴馬（Barack Obama）當選。從婦女被禁止投票一路走到女性掌管著國家與企業。從週日上教堂聚餐一路走到五層樓高的大銀幕會立即重播每個精彩瞬間的週日美式足球狂熱。在他們出生時，人類的足跡還沒有到過南北極或聖母峰，然而他們有生之年卻可以目睹人類踏上月球。

一九〇〇年代初的孩子如果足夠長壽，就會看到他們的生活和社區、工作和信仰的場所、家庭和更多其他部分一一被動搖、顛覆、炸毀與重建。他們出生時的世界正處於一個（引用亨利．亞當斯〔Henry Adams〕的話）歷史的「脖子被突如其來的全新力量硬生生折斷」的時刻，而他們的人生因此經歷著從未止息的變化。一個人需要什麼才能在這樣的紛擾下自處與找到快樂？不論是什麼，絕對是我希望傳給孩子的工具：能夠在巨大的混亂與動盪中持保韌性與心靈平靜的工具。

我決定爲我的孩子們寫一本關於如何在暴風雨中找尋生命意義的書。當我了解這是我身爲父親的任務，爲了找到這樣一則傳奇故事，即使要踏遍天涯海角我都在所不惜。不過這其實得來並不費工夫，因爲在八月一個熾熱的早晨，我從家裡的車道上抬頭，看到我的故事主人翁就站在對街。

Chapter

02

那一年是二〇〇七年。我與我的妻子，還有我們的小孩——當時分別是九歲、七歲、六歲與四歲——舉家由華盛頓哥倫比亞特區搬到密蘇里州堪薩斯城的郊區。關於搬家這個決定，正如凱倫某一次解釋時的說詞，她已受夠了煩擾不堪的都市育兒生活：交通阻塞、隨處大排長龍，還有一分鐘收費一美元的昂貴游泳課。我也厭倦了人們老是互相爭論，這可能是這個國家首都最主要的休閒活動。我當時剛接下一份新工作，容許我遠距上班，於是在經過多年刺激的東岸生活之後，我這個科羅拉多的子弟決定返回中部，一個天空更遼闊、人們更謙卑的地方。

在事情發生那天早上，我們的新家還堆滿了半空的搬家紙箱。八月的熱浪停留在中西部徘徊不去，雖然只是早上八點，但是當我踏出門外去拿週日報紙時，熱氣撲面而來，彷彿我太早打開了洗碗機的門。我走下車道一半時抬起了頭，豔陽強光下的某樣東西使我停下腳步。對街的新鄰居正在他的環狀車道上洗車。在我的記憶中（鄰里之間對其中的部分細節有所爭議），他正在洗的車子是一輛嶄新而閃閃發光的克萊斯勒PT巡洋艦（Chrysler PT Cruiser），車身是葡萄汽水那種紫色。我寧可相信我的記憶力比那些說只是更普通車款的人要好一些。再說，我的想像力也沒有豐富到可以讓我幻想出一輛芬達汽水顏色的車子在鄰居的車道上熠熠生輝。但如果眞是我自己夢到這輛有如紫茄子的座駕，一定是因爲車主的關係，那名女士的氣質如此非凡，一般的車輛根本就配不上她。（我們將在稍後適當的時機介紹她出場，她值得我們等待。）

至於這件事就沒有什麼爭議了：我的鄰居在一個豔陽高照的八月週日上午爲他的女友洗車。我不禁注意到她昨晚就將車子停在這裡。我推測他與這輛紫色車子的迷人車主在週六晚上的約會進展到留下來過夜，而且精彩到令一個男人在隔天早上特別精神奕奕。

我的鄰居光著膀子，只穿了一條舊海灘褲。他一手揮舞著水管，一手拿著滿是肥皂泡沫的海綿，水花濺在他肌肉發達的胸膛上，波浪狀的捲髮瀟灑地蓋住了他的一隻眼睛。他就是查理・懷特（Charlie White）。

高齡一百零二歲。

我在幾天前經由他的女婿、我們隔壁鄰居道格的介紹而認識了這位帥氣的醫生。道格的妻子是查理最小的女兒，夫婦倆搬來這裡是爲了就近照看她的父親。但是坦白說，我看不出有此必要。查理硬朗而結實，心思極其敏銳。我們初次見面時，他給了我一個以前會被說是男子漢式的握手——不是快要把你手骨壓碎的那種，而是堅定有力、眞誠且熱情。他寶石藍的雙眼清澈明亮。他的聽力很好，而且十分健談，可以在各個主題和時空之間恣意穿梭。飄逸的白髮與風度翩翩的八字鬍使他散發出一種優雅而略帶戲劇性的氛圍——他讓我想到《荒野大鏢客》（*Gunsmoke*，美國西部電視劇）裡的醫生（Doc）——總是隨意拿著的一支手杖更增強了這種印象。更精彩的是，他的手杖其實是一支上下顚倒的高爾夫挖起桿。拿高爾夫球桿來當作拐杖用，這種漫不經心的時尚感是無法刻意達成的。在認識我的第一天，查理就語帶遺憾地告訴我他的平衡感出現一點小問題，使他暫時不能去高爾夫球場，不過（他揮動著球桿一邊說）他預計很快就可以回去揮桿了。

總而言之，查理是一個非凡的人物。即使如此，一個人也無法料想到會認識一位一百零二歲的老人，並且就此展開一段長久而豐盛的友誼。壽命的精算表向來鐵面無私，而這個表是這麼說的：根據美國社會安全局的資料，在隨機取樣的十萬名男性之中，只有三百五十人——還不到百分之一的一半——能夠活到一百零二歲。而這些不屈不撓的倖存者平均剩下不到兩年時間。在一百零四歲之後，生命更是快速流逝，就像沙漏中的最後幾粒沙子。

然而，就在這個悶熱的週日早晨，當查理抬起頭來，停止洗車，向我熱情揮動他那隻拿著海綿的手，我感覺到他身上似乎有某種特質，令我相信任何精算都算不到他將何時嚥氣的機率。對他而言，生活似乎比其他人更加輕盈。儘管我們會在後面看到，他其實經歷了太多的憂傷與磨難；不過查理並沒有怨恨生活的欺凌，也沒有抗議生活的羞辱。他亦沒有忘記享受生活中轉瞬即逝的仁慈與美麗，其中之一就是在他剛過完一百零二歲壽辰之後，在一棵可能比他先走一步的老樹下爲女友洗車的機會。對他而言，眼前所有的事物——車子、大樹、肥皂與海綿、出來拿報紙卻嚇了一跳的鄰居、仍在熟睡的女友，還有查理本人——都在名爲地球的奇蹟星球上快速旋轉著。

我後來聽到一則有關查理的故事，恰恰能夠代表他對生活之美心懷感激的特質，也就是法文所謂的「生活之樂」（joie de vivre）。那是稍縱即逝的瞬間，沒有什麼複雜與深奧的，卻能以某種方式指出生活中最能讓人獲得自由與力量——的一個教訓。就像鄉村樂天后梅貝爾・卡特（Maybelle Carter）撥弄著她的吉普森（Gibson）吉他，直率地唱著要掌握生活中陽光的一面；也是十四世紀神祕主義者預言家，諾里奇的朱利安（Dame Julian of Norwich）在逃過黑死病的劫難之後，充滿信心地寫道：「一切都會好轉，世間萬物都會好轉。」這個教訓既簡單又如此艱難，儘管生活飽含著辛酸、沮喪、失落，甚至殘酷，依然有其值得細細品味之處。我們隨時都可以選擇去看見生活之美。

那則故事與查理和他最愛的高爾夫有關。在藍山鄉村俱樂部（Blue Hills

Country Club）的同輩紛紛過世之後，很長一段時間以來查理都是在比他年輕許多的球友——八十歲左右——陪伴下繼續他的揮桿歲月。一天，查理站在果嶺上，發現他的球伴走下一個沙坑去解救一顆打偏了的球。他的身影消失在沙坑內不久後，查理看到一顆球伴隨著一波沙石自坑內飛出，在果嶺的地面彈跳著直到停了下來。接著……毫無動靜。等候一段時間後，查理走到果嶺邊緣向下查看，看到這位年輕的球伴正努力想爬上沙坑，卻是徒勞無功。查理自知沒有力氣將他拖上來。那該怎麼辦？查理的反應並非緊張或是擔心。他沒有想著：**我們到底在這裡幹嘛？我們已經老到不適合這種事了**。他的反應是大笑出聲，一直笑到他的球伴也笑得前俯後仰。待俱樂部的人員前來解救這名八旬老人時，他們依然笑個不停。

查理深諳生活的藝術。和偉大的藝術家一樣，他了解生活的點點滴滴都是喜劇與悲劇、歡樂與憂傷、膽識與恐懼的混合體。我們自這些相互衝突的音符中選擇自己生活的基調。即使當查理的體力日漸衰弱，即使高爾夫球場對他成了障礙賽道，即使年華老去的事實已無從否認，他選擇將球桿變成手杖，派頭十足地隨身攜帶。

我們搬到查理．懷特對街的偶然，開啟了一段七年之長的友誼。他挑戰了精算表的預測，成爲碩果僅存的幾個人之一——在隨機取樣的十萬人中，預計能活到一百零九歲的五個人之一。（從統計學來說，只有兩人能活到一百一十歲，最後一位則在一百一十一歲與世長辭。）查理是僅存少數幾個經歷過威廉．霍華德．塔夫脫（William Howard Taft）擔任總統年代的美國人之一；是僅存少數幾位從二戰中存活下來的軍官之一；是僅存少數幾名在盤尼西林問世前就開始行醫的醫生之一；是僅存少數幾個知道在高速公路出現前駕駛汽車是什麼感受的人之一；也是僅存少數曾對影像在銀幕上動起來、對發出聲音的小盒子發出驚嘆的人之一。到查理的生命終結之時，他已經活過了美國將近一半的歷史。查理出生後還要等上幾年，華特．克萊斯勒（Walter P. Chrysler）才開始打造他的第一部汽車，然而克萊斯勒死後查理還在世上活了超過七十年——

足以看到克萊斯勒大樓從紐約光輝未來的象徵，變成舊時代紐約的圖騰；足以看到自己在擦拭（就我記憶所及）一輛光亮的紫色轎車，車頭掛著克萊斯勒停用多年的標誌，還配備有遙控開門系統與iPod插孔。

查理是一位科學人。身為醫生，他懂得人體是如何運作——與如何停止運作。他表示他的驚人長壽是基因與運氣的僥倖之作。但是當我回憶起這位了不起的朋友時，我眼中的他不僅是活生生的歷史課本教材，也不僅是基因大樂透的贏家，他是值得研究的榜樣，研究他是如何維持勃發的生機——不僅是生存，而是生機盎然——不論是在或長或短的年歲裡。人們經常問他長壽的祕訣，查理總是恪守職業道德般地誠實以對：沒有祕訣，純粹運氣。但是就算他不知道長壽的祕訣，他也深諳快樂生活的祕密。在悲傷與失去、貧窮與挫折、失足與錯失機會的打擊下，他依然能夠保持穩定、平和與自立自強的特質，這也許就是我們今天所謂的韌性。他擁有享受當下喜悅、把握機會與專注於重要事情的天賦。他同時還有一項難能可貴的本領，能做到一件比前面幾樣都更加困難的事情：放下其他的一切。

他的女兒瑪德琳曾經告訴我妻子一則故事，可以捕捉到查理個性的精髓。有次她發現自己捲入鄰里間的糾紛，就是那種某人對另一人說了一些話，那人轉身又對別人做了一些事情，**你敢相信**有人會說出與做出這些事情嗎？瑪德琳最終無可避免地成爲一通憤怒電話的收聽一方。查理坐在廚房的桌邊聆聽，等待她這通漫長的電話結束。接著又靜靜聽她解釋完整個情況。他停頓了一下，然後建議他的么女放下這一切。妳會把自己氣死的，他告訴她。「我可沒有時間留給這種人。」

此一言簡意賅的建議包含了好幾個世紀的智慧結晶。雖然查理不是哲學的研讀者，我認爲他的話語中蘊藏著斯多噶主義的精髓，那是人類所發明最歷久不衰與最爲實用的思想學派之一。無論是愛比克泰德（Epictetus）這樣備受虐待的奴隸，或西元二世紀的羅馬皇帝馬可・奧理略（Marcus Aurelius），這種哲學觀都對他們具有同等的吸引力。愛比克泰德生於西元一世紀，在羅馬過著奴役生活，當暴虐成性的奴隸主將他的腿硬生生地折斷，他卻微笑以對。斯多噶主義教導我們，一份充實的生活需要深刻了解什麼是我們所能控制的——與更爲重要的——什麼是超出我們控制範圍的。我們所能決定的唯有我們的反應與行動。而這是我們的自主選擇。愛比克泰德告訴我們，眞正的教育應包括學習「區辨事物的能力，有些是我們力量所及，有些則不是；在力量所及之內，所有的意願與行動都是取決於意志。**不在**我們力量所及範圍之內的是身體、身體的各部分、財產、父母、手足、孩子與國家，以及與我們同在一個社會的所有人。」

身爲奴隸，愛比克泰德此一高論意味即使他的軀體與行動受到奴隸主的控制，他依然活得有意義、有尊嚴。即使他像牲畜一樣被買賣與艱苦勞動，但他的思想、舉止和他的存在本身不會是一頭牲畜，這是沒有人能改變的。「正是這樣的處境，能顯示人之所以爲人的本質，」獲得自由後，他如此教導他的學生。「因此，當你們遭遇艱難險阻時，要記住神就像摔角手的教練，讓你與一位粗暴的年輕人對打……你也許因此成爲奧林匹克的勝利者，但是也必爲此付出血汗。」

基於相同的原因，維克多．弗蘭克（Viktor Frankl）也深刻體會到斯多噶主義的精神，他是一名奧地利的神經學家，也是納粹達浩（Dachau）勞動集中營的倖存者。在集中營裡，他觀察到有些值得仿效的囚犯即使身在這個有如地獄的環境中，依然保有他們的尊嚴與善心，他由此指出「一切都可以自一個人身上奪走，唯有一樣東西除外：身爲人類最後的自由——得以選擇自己在任何既定處境下的態度，選擇用自己的方式」面對生活帶來的一切。此一哲學也激勵著世世代代希冀從酒癮解脫的酗酒者。「上帝啊，賜給我平靜，去接受無可改變的事，」他們如此禱告，「賜給我勇氣，去改變我能改變的事；賜給我智慧，以分辨二者的不同。」

至於馬可．奧理略，則了解到在某種層面上我們都是奴隸，即使貴爲羅馬的皇帝也一樣。我們是時間與機會的奴隸；我們受到命運的束縛。「欣然接受命運賦予你的一切，將其視爲自己的一部分，」他在他的《沉思錄》（*Meditations*）中寫道。在另一經典名句中，他注意到「有一件事情始終令我感到驚訝：我們每個人都愛自己勝過別人，但是卻更注重別人的意見勝過自己的。」

拉爾夫．沃爾多．愛默生（Ralph Waldo Emerson）也擁有相同的智慧：「一個人要在所有的阻礙之前保持自我，就像除了他之外，所有事物都是虛有其表且稍縱即逝的。」魯德亞德．吉卜林（Rudyard Kipling）則大力讚揚著「能在功名與挫折面前，對這兩個幻象一視同仁」的那種人。

「放下」是查理對超出自己掌控之事物的建言。而斯多噶主義的自我精神是我們現今所稱的毅力與彈性這種特質的基石。吉卜林著名的詩歌亦歌頌這種自立自強的精神，它讓我們能夠：

……驅策你的心靈、膽識與氣力
在它們俱已枯竭之時仍為你所用，

繼續堅持，當你的內心一無所有
唯有告訴它們「堅持下去」的意志

放下與**堅持**在許多偉大的哲學中，這兩者正是同一枚硬幣的兩面。要想牢牢堅持經由自我意志確立的目標，你必得放下認爲你能控制他人、事件、命運之漲落的空想。你無法改變過去，也不能一手掌控未來，但是你可以選擇你是誰、你的信念與你想成就的目標。

六十年來，我一直在學習、忘記又重新學習這一門功課。但我認爲查理是在一天之內就學會其中精髓，並且從未忘記。他學得很快——而且是個神童，因爲他在不過是個八歲男孩時就領悟了此一智慧，這把讓人在生活中找到滿足的、無以名狀的鑰匙。實在了不起。

而當時，他身邊有一位冷酷無情、不假辭色卻十分有效的老師。

Chapter

03

查理是他們家族族譜中的第三位查理・赫伯特・懷特（Charles Herbert White），但是這個名字對他沒有太大意義。「我母親就是淪陷了，我猜，」他有一次說道。「陷入以父親名字來爲兒子命名的家族傳統。」不過他倒是對他與美國歷史的連結深感驕傲。查理母親的那一系可以一直追溯到湯馬斯・格雷夫斯上尉（Captain Thomas Graves），詹姆斯鎮（Jamestown）的殖民者，曾擔任英屬殖民地維吉尼亞第一屆立法機構的議員。他的父輩一系則能連繫到維吉尼亞的貴族世家卡特（Carter）家族，該家族也是詹姆斯鎮的第一代定居者。在獨立宣言發表的一個世紀之前，羅伯・卡特（Robert Carter）手上擁有大批土地與奴隸，政治勢力龐大，維吉尼亞人都暱稱他爲「國王」。他的後代包括兩位美國總統，與南方邦聯（Confederate）的羅伯・李（Robert E. Lee）將軍。這樣的背景使得查理・懷特不禁感嘆命運之神的安排，讓兩大血脈在他體內匯流。「這眞的很奇妙，太不尋常了，兩個這樣的家族，在經過二十代傳承之後最終交會。這是十億分之一的可能性，」他若有所思地表示。「你可以說這兩大家族都是美國的開拓先驅，我很幸運能夠繼承這個傳統。」

一九〇五年八月十六日，查理出生，當時內戰的陰影猶在，日常生活中仍可見到身心留有血淋淋創傷的南方與北方老兵。南北戰爭之於查理的距離，比越戰之於今天出生的孩子更爲接近。雖然他的第一個家位在「林肯之地」（The Land of Lincoln）伊利諾州的蓋爾斯堡（Galesburg），他身上的維吉尼亞人血統使他偏袒南方叛軍（Rebs）。小時候的查理視祖父爲偶像，也就是第一位查理・H・懷特。他是美利堅邦聯騎兵隊的偵察兵，直到八十多歲還在馬背上馳騁。造訪祖父母位於密蘇里州薩林郡（Saline County）的農場是查理珍藏的回憶，祖母會和他述說將家族銀器藏在牛奶罐以免被洋基佬搶走的故事，祖父則將他對馬匹的熱愛傳給了查理。近一個世紀之後，查理仍愛講述他祖父在晚年時參加一場四輪輕便馬車競賽的故事，馬車的車軸在比賽中途斷了，這位老當益壯的騎手於是奮力攀上馬背跑完整場比賽。

查理繼承了這種精神。他是一個膽量過人的小孩。他初次的鮮明記憶大約是在三或四歲的時候，他記得路面電車會經過家門前，而他家就位在電車路線的終點。查理與鄰居小孩很愛趁著電車緩慢掉頭時跳上車前的安全擋板。有時候他們還會試著跳進車內，來一趟開心的兜風。車掌要求查理的母親制止孩子們從事這種危險的遊戲，但是勞拉・懷特（Laura White）實在太忙了，無法照看每一班經過家門的電車。她於是拿出一條長十五英尺的繩子，一端繫在查理的腳踝上，另一端繫在一棵大樹上。「我沒辦法一直盯著你，」他記得母親就事論事地告訴他。「所以我要把你綁在這裡，就像我平常綁一頭牛那樣。」

蓋爾斯堡是一座人口約有兩萬人的城市，位於北美大平原上，這是塊肥沃的廣袤土地，有成片的如茵綠草和穀物莊稼，其中點綴著農舍與豬圈，泥土路與馬車車轍有如緞帶一般交織。這裡的白晝之寧靜與夜晚之漆黑遠超過我們現代人所能想像。我想你們會稱之爲美國小鎮，只不過在當年小地方與大城市之間的分野並不那麼明確。根據美國一九〇〇年的人口普查報告，全國只有六座城市的人口超過五十萬人。人口在二十萬以上的地方就可以名列美國前二十大城市；人口十萬就可排進全國四十大城市。蓋爾斯堡是商業與野心的集散地，在美國城市排行榜中力爭上游。當時的中西部發展得熱火朝天，位於中心地帶的幾個州成了餵養美國與世界的糧倉。內布拉斯加州的奧馬哈（Omaha）與密蘇里州的聖約瑟夫（St. Joseph）人口都在洛杉磯、亞特蘭大與西雅圖之上。蓋爾斯堡過去四十年間成長了將近百分之四百，奧馬哈與聖約瑟夫也不遑多讓，它們都是成長飛快的鐵路運輸交會點，將旅客與貨物運送至全國各地的重鎮。為了容納芝加哥、伯靈頓（Burlington）與昆西（Quincy）等路線的列車和艾奇遜（Atchison）、托玻卡（Topeka）與聖塔菲（Santa Fe）等南方鐵路的銜接，蓋爾斯堡的調車場是以三班制在運作，不停地卸下車廂再裝上另一個車廂，是當時世界上最現代化的貨物集散站之一。

查理的父親是基督會（Christian Church，又稱基督門徒會〔Disciples of Christ〕）的牧師，這是十九世紀初在被稱作「第二次大覺醒」（Second Great Awakening）的宗教復興運動中崛起於肯塔基州、田納西州與賓夕法尼亞州西部的普世合一教會。該教派堅信上帝正要求祂的子民聯合起來，並努力打破那些導致新教徒分裂、彼此爭執不休的教條壁壘。

查理・懷特二世生長於密蘇里的家族農場，當年是一位結實的年輕人，有一頭捲髮、長鼻梁和一撮美人尖。雙親將他送至肯塔基大學就讀，他在這兒邂逅了鄰鎮平卡德（Pinckard）的農村女孩。他與勞拉・葛雷斯（Laura Graves）陷入愛河，而在任命爲懷特牧師，設立第一所教會之後，他與他的二十歲甜心在一八九三年步入禮堂。

他的兒子在近一個世紀之後回憶道，這位年輕的牧師平易近人，有著敏銳的幽默感，廣受信眾的歡迎。他的講道不追求華美的文采，而是直截了當、清晰易懂。他講道的主題多年後更是反映在查理的人生哲學之中。「我們必須忘記過去的失敗，」他在一次布道中如此建議他的聽眾。「一次又一次，我們忙著哀嘆過去的失敗，而忘記了今日之事……有些人只會惋惜落日的最後一絲餘暉，有些人則是期待黎明的第一線曙光。」

然而，站在講台上還不是他的最強項。他很快發現，他的才華在於經營那些往往被教會忽略的業務。「他眞的是完全發揮了基督教的務實精神。」查理這樣形容他的父親。這位年輕牧師開始忙碌地穿梭於各間債台高築的教會，幫助他們平衡帳目與恢復會眾的信心，然後就再次上路。懷特牧師的第一項任務是幫助密蘇里州黎巴嫩（Lebanon）的教會帳目由紅轉黑，並隨即接受指示，沿著後來成爲著名六十六號公路的小徑向西而行，到喬普林（Joplin）的一所教會幫忙。當這間喬普林教會的財務受到整頓，找回往日榮景之後，他又馬不停蹄地前往愛荷華州的克拉林達（Clarinda），一個位於密蘇里河谷，地勢和緩起伏的鄉間小鎭。

克拉林達的基督會正面臨破產危機，但這可能並不該全歸咎於他們。一八九〇年代的美國經濟大起大落，而華爾街每一次觸礁，付出代價的似乎總是中西部的農民。他們的作物價格重挫、他們的教會倒閉、他們繳不出房貸，房屋遭到強制拍賣。許多人都認爲經濟受到操控，只有鐵路大亨與金融家從中得利。報紙刊登著羅德島新港的豪宅與大理石車道，隔壁欄的報導卻是住在破房子或貧民區裡挨餓的孩童。在懷特牧師的會衆之中，一些為生活所困的人大有可能捲入正興起的民粹主義浪潮之中——這樣的民粹主義往往是反移民、思想封閉、對外來影響心懷憤恨。

不過，這位牧師對當時的另一道理念之流更加傾心。他同意在克拉林達的肖托夸運動（Chautauqua Movement）中擔綱重要角色，那是一年一度的草根藝文教育節慶活動，在世紀交替之際盛行於美國內陸。對於家裡沒有收音機、電視或留聲機，距離最近的圖書館或劇院有數小時路程的人來說，夏季的肖托夸是在漫長而枯燥的生活中整整一週的人文與美的盛典。許多城鎮陸續加入成為巡迴的另一站，將肖托夸慶典帶到在這片大草原的遼闊天空下野餐的許許多多家庭眼前。

身為克拉林達肖托夸委員會的一員，懷特牧師協助在數以百計參與肖托夸巡迴之路的表演者中遴選演說家、劇團、音樂家與公眾人物。在肖托夸運動熱潮下，被稱爲「偉大的平民」（The Great Commoner）的政治家威廉・詹寧斯・布萊恩（William Jennings Bryan）不遠千里奔波，從一個營地到下一個營地，宣揚著他在財政上與精神上的改革理念。天普大學（Temple University）創辦人羅素・康威爾（Russell Conwell）在大約四十年間共發表他的勵志演說〈鑽石就在你身邊〉（Acres of Diamonds）多達六千次以上。費斯克大學合唱團（Fisk Jubilee Singers）讓數以百計的白人觀眾認識了黑人靈歌，改革家莫德・巴靈頓・布斯（Maud Ballington Booth）對自己美國監獄生活的描述賺得不少聽眾的眼淚。有一年克拉林達的肖托夸委員會邀請著名的教育家布克・華盛頓（Booker T. Washington）發表演說，他是塔斯基吉學院（Tuskegee Institute）的創辦人，也是《力爭上游》（*Up from Slavery*）一書的作者。當年，數以百計的愛荷華居民擠在一個小平台周圍凝神聆聽華盛頓在樹蔭下發表的演說。

一八九九年春天，在幫助瀕臨破產的克拉林達教會轉危爲安之後，懷特舉家搬到蓋爾斯堡，這位「性格最討喜之人」——當地報紙如此介紹他——又投入另一次救援行動。到了十一月，懷特牧師已籌得三千七百五十美元為教會償還債務，並且吸收了七十名新會眾。與此同時，他的家庭也在擴大之中。查理的三位姊姊出生了（在他之後又有了一個妹妹）。

二十世紀的微曦初露之時，這個世界還未見證人類的飛行；這個國家的逾七千五百萬人口總共只擁有八千輛汽車；這裡只有百分之十的醫生擁有大學學歷，而腹瀉屬於人們死亡的主因。然而就是在這樣的環境下，一種無限可能性的感覺正由全球的大城市逐漸擴散至如蓋爾斯堡、克拉林達與喬普林這樣的地方。毫無疑問，懷特的會眾中有些人曾在幾年前搭火車去參觀芝加哥的世界哥倫布紀念博覽會，目睹埃德沃德・邁布里奇（Eadweard Muybridge）放映史上第一部付費觀賞的電影，還有喬治・費里斯（George Ferris）那座以他命名的、讓人乘坐在巨型鐵輪上的遊樂器材——摩天輪。一定也有些人曾讀過關於一九〇〇年巴黎世界博覽會的報導，觀眾滿心敬畏地參觀電機館，巨大的機器馴服了閃電的力量，卻幾乎沒有發出一點聲響。在一九〇〇年的辭典中，這種機器稱作「發電機」（dynamo），這個名字單刀直入地傳達出此一機器在人們心中激起的興奮之情與無限期待。這樣的力量能夠征服黑夜、控制溫度、擊敗沉悶的生活，並且有一天（儘管這一天他們大部分人都無法活著見到）爲我們帶來電腦。正是在此處，在巴黎這台發電機的見證之下，亨利・亞當斯——帶著同等程度的驚嘆與擔憂——宣布歷史的脖子已經被折斷了。

就在未來的曙光乍現之際，查理・懷特來到這個世界。他備受姊姊們的寵溺，雖然有一小段時間曾被母親綁在院子內的大樹上。不過這樣的待遇完全不符合勞拉的個性。在查理的童年記憶中，他一直是他母親善意忽視下的一名快樂受益者。他可以四處遊蕩、探索、生起營火、建造堡壘、大玩牛仔與印第安人的遊戲。

就在查理準備開始上學的時候，他的世界變大了，因爲他的父親接下到堪薩斯城一個勞工階層社區支援當地教會的任務。撫養五個孩子的花費令他父親捉襟見肘，而搬到大城市可以讓他兼職從事人壽保險代理人的工作來彌補牧師薪資的不足。對於一位注重家庭的人來說，四處拯救教會的奔波生活已經不再合適了。

在一位四、五歲的小男孩眼中，堪薩斯城是一座大都會，擁有約二十五萬人口，在西底區（West Bottoms）繁忙的畜欄與馬廄裡還有著將近同等數量的牛、豬、羊與馬匹。隨著懷特一家搭乘的火車接近這座城市，或許是當地的盛行風將一絲絲代表堪薩斯城之繁榮的刺鼻氣味吹進他們的車廂——因爲全世界只有芝加哥的飼養場比這兒還多。前來堪薩斯城的訪客在還未用雙眼看見之前就先用鼻子聞到了這座城市。火車緩緩駛入聯合車站（Union Depot），查理從車窗看著一路經過的肉類加工廠，分別掛著阿默（Armour）、史威特（Swift）與卡德希（Cudahy）等招牌。聯合車站則是曾遭洪水肆虐的建築大雜燴。在取回行李之後，懷特一家踏入吵嘈混亂的街道，小男孩的耳中充塞著牲口的嚎叫聲與附近酒館和妓院傳來的音樂。繁忙的景象、吵雜聲，再加上血腥與糞便的惡臭，這種感官上的超載就是堪薩斯城予人的印象。如果是別的小孩，可能會爲之卻步，但是查理可不會。當一家人搭上連接車站與商業區的垂直纜車——商業區矗立在一座令人望之生畏的山崖上——查理迫不及待地首次看見了這個他日後一個多世紀都稱之爲家園的城市。

雖然懷特一家絕不算富有，但是懷特牧師的勤奮與腳踏實地終於有所回報。一九一二年，他在該市一個富人社區的邊陲買下一棟三層樓的漂亮新房子。相似的住宅沿著康培爾街（Campbell Street）如士兵一般整齊地排排站，每棟房子都有著戰前堪薩斯城特色的深前廊。這個屬於新興階層居民的區域向東兩個街口，就是纜車大亨威廉．史密斯（William J. Smith）居住的宏偉大宅。這棟有三十個房間的豪宅採用的是大峽谷砂石，建成雄偉的羅馬風格，是被稱爲「百萬富豪街」的特魯斯特大道（Troost Avenue）上規模最壯觀的一棟住屋。

豪宅確實賞心悅目，但是查理更喜歡在放學離開海德公園小學（Hyde Park Elementary）後，前往相反的方向去探險。這個初來乍到的小男孩在附近找到一處小山丘，他會爬到丘頂觀看該市最雄偉的建築工程：一座新的火車站，用來取代現今在畜欄附近的舊火車站。

他會坐上好幾個小時，目不轉睛地看著這個偉大的工程。新的聯合車站擁有八十五萬平方英尺的建築面積，將會成爲當時全國第三大火車站。然而儘管野心勃勃，這座布雜藝術（Beaux Art）風格的建築物採用的技術並不比米開朗基羅時代進步多少。工人拽著馬匹與驢子拖動沉重的鏟斗，另一批工人用鋤頭與鏟子挖出大坑以供地基使用。人員與牲口運用其肉身力量移出如小山般的砂石、吊起成噸的石塊、傾倒以英畝計的水泥。在超過三年的時間裡，小男孩不論寒暑，一次又一次來到小山丘上，看著這座巍峨的建築物從無到有。聯合車站大廳的天花板與鑲嵌磨石子地板之間的高度足足有九十五英尺，半空中懸著每座重達近兩噸的吊燈。大約在查理九歲生日的時候，此一浩大的工程終於完竣。堪薩斯城這座新車站在一九一四年末正式投入營運，很快就成爲全美最忙碌的火車轉運樞紐之一。

不過這位小男孩並不光只是到小山丘觀看建築工程。對查理而言，學校的課業十分輕鬆，因此他有很多時間玩耍。當時有一種新的運動在堪薩斯城相當流行，叫作「籃球」；事實上籃球的發明人詹姆斯・奈史密斯（James Naismith）正在附近的堪薩斯大學訓練一支菜鳥球隊。查理與他的玩伴在牆壁高處釘了一個水果籃，加入了此一熱潮。他們也喜愛一種用棍子和錫罐來打的街頭曲棍球，將其稱爲「球棍」（Shinny）的街頭曲棍球。

他們還喜歡玩火柴。有一天，查理與同伴在院子裡生起營火，並且決定要來來回回跳過火堆，他聽說印第安勇士的戰舞就是這樣。他爲了扮演印第安人穿上帶有流蘇的褲子，而就在他跳過營火時，流蘇燒起來了。好在他的母親就在附近，聽到他淒厲的叫聲後立刻拿著一條毯子趕了過來，將毯子覆蓋在他的褲子上撲滅火勢。查理自這次九死一生的體驗中學到一課，並且在多年後付諸實踐。那一年的獨立紀念日，仙女棒的火花燒著了他小外甥女的衣服，他迅速抓起一條放在前廊的毯子將她裹住，拯救了這個小女孩免於被毀容或是燒死的命運。

就算查理在八歲前的時光有任何部分不是如田園詩歌一般美好，他也不曾對我，或是我知道的任何人提起。在他的記憶之中，他的童年早期都是在玩鬧嬉戲中度過。不過只要憶起童年歲月，他的思緒就會忍不住回到一切在瞬間風雲變色的那一天。在那一天，查理初次領會到命運是如何的漫不經心。

那是一九一四年的事情。聯合車站已接近完工。歐洲與亞洲仍掌握在親王與總督這些在全球都擁有殖民地的人手中。五月十一日的清晨開啟了一個平常的春日，查理的妹妹在這天剛滿五歲。這是個星期一，懷特牧師脫下牧師袍，換上壽險經紀人的服裝。用完早餐後，懷特離開在康培爾街的住家，出發進城。他大概搭了路面電車，不過他也可以招一輛由馬匹拉動的計程車。

查理的父親年紀夠大，還記得過去大部分城市裡最高的建築不是教堂尖塔就是穀倉塔。但他現在的辦公室卻是位於堪薩斯城中心一座十二層樓高的摩天大樓的九樓。這棟建築奇蹟是拜兩項技術的結合所賜：鋼橋結構與載客電梯。旅館或辦公大樓的鋼梁骨架，從某方面而言，就是把其中一端豎起來的棧橋。正如鐵路橋所展現出來的，這些相對輕盈的結構可以承載很大的重量，因此在建築高度上可說無可限量。於是，高聳入雲的摩天大樓在全美各大城市如雨後春筍般紛紛拔地而起。根據一項統計，在一九〇〇至一〇年間，紐約市每兩週就會有三棟十層樓以上的大廈落成。想必懷特一家也讀過創下全球最高紀錄的高樓新開幕報導：座落於紐約下百老匯區的伍爾沃斯大樓（Woolworth Building），高達將近八百英尺。

堪薩斯城裡懷特辦公室所在的格洛伊德大樓（Gloyd Building）座落於核桃街（Walnut Street），雖然對伍爾沃斯大樓的世界紀錄不構成威脅，但也有一百七十八英尺高。格洛伊德大樓於一九〇九年落成，不遠處就是國家商業銀行大樓（National Bank of Commerce Building），這座銀行大樓屬於突飛猛進的城市天際線的一部分，共同宣告著此一牛仔城如今已是個新興繁榮城市。格洛伊德大樓除了規模龐大，也強調其安全無虞。它是該市第一座以鋼筋混凝土建成的高樓，標榜「絕對防火」。

大約上午十點，查理的父親自辦公桌後站起身來，穿上外套、戴上帽子、點燃他的菸斗，離開辦公室去進行一次商業拜訪。他打算徒步到附近的城市市場（City Market），向一位客戶收取人壽保險費。當他來到走廊上的電梯前，他可能有注意到平常那位作業員並沒有在那裡操縱電梯。電梯門是開著的，一位代班的作業員站在操縱桿旁。

就在懷特牧師邁步進入電梯時，作業員毫無預警地啟動了電梯，電梯門還沒有關上就開始搖搖晃晃地上升。這使得走廊地板與升起的電梯地板之間出現一道空隙，而且已升至一個人的腰際高度。事情發生得太快了，懷特根本還來不及踏進電梯，一隻腳踩空在電梯外面。

他的上身趴在上升中的電梯車廂裡，雙腳卻懸在半空中，下面就是深不見底的電梯井。攀升的電梯使得牧師的身軀猛然撞擊到門框的上沿，力量之大甚至將門框撞出一個凹痕。那位經驗不足的作業員看到有人被電梯夾在半空中，被嚇壞了，馬上又操縱電梯下降。但是當電梯踉踉蹌蹌地下降時，懷特牧師的上身滑落，全身隨著雙腳墜入電梯井中。查理的父親從九樓摔下，墜落時身軀在牆壁之間反彈。他享年四十二歲，菸斗與帽子都還留在電梯裡。

我聽查理講述這則故事至少有六遍左右，但是他每一次都沒有沉溺在「上帝為什麼要這樣對我？」這個人在遭遇詭譎意外時最自然不過的質問。他從來沒有提起上帝為何如此不公正，哀嘆歷史上那些最殘忍的暴君——如希特勒、史達林與毛澤東——都還有好幾十年可活，而像他父親這樣的好人卻英年早逝。查理沒有時間去思考「假如」的問題：假如是一位經驗老到的作業員在操控電梯呢？假如懷特牧師早五分鐘或晚五分鐘出發呢？假如他忘記他的菸草，又回去辦公室拿呢？對查理而言，事情既然已經發生，就是發生了，他無能爲力去改變什麼。

但是他的這份鎮靜與沉著來之不易。在這場悲劇發生之後，查理悲痛逾恆，幾乎無法進食。查理的母親與姊姊們都擔心他會挨餓過度。他們全家都陷入哀慟之中。「我的母親身心交瘁。」查理回憶。那一瞬間的偶然事件使得她變成孤身一人，帶著五個小孩，卻沒有任何收入。

在我們多年來的友誼之中，我投入了不少時間聆聽查理講述他的人生故事。我漸漸注意到在他父親去世後，他的敘述出現了一種語氣上的轉變。那個無所畏懼、曾被綁在樹上的小頑童是查理的本色，仍不時在查理的故事中登場，然而他現在穿上了一副自立自強的護身鎧甲。儘管只有八歲，查理已變得和哈克貝利・費恩（Huckleberry Finn，馬克・吐溫小說《頑童歷險記》的主角）一樣獨立，和小扒手道奇（Artful Dodger，狄更斯小說《孤雛淚》中的小扒手首領）一樣機靈。我思索著這些變化，突然有所領悟，查理是在經歷這場痛失至親的悲劇，重新站起來後，認定自己可以克服任何事情。他親眼面對了自己的極限，面對了任何人都無力掌控命運、扭轉時間的事實，於是開始追求他所能掌控的事物：他的行動、他的情緒、他的觀點，還有他的毅力與勇氣。

Chapter

04

當堪薩斯城有個小男孩因爲悲傷過度而吃不下飯，他的母親身心俱疲、時時憂慮在丈夫意外身亡後該如何維繫這個家的同時，遠在奧地利的維也納，一位名叫西格蒙德・佛洛伊德（Sigmund Freud）的醫生正與失落和創傷的問題奮鬥。爲什麼有些人會被痛苦的事件糾纏不休，深陷其中，透過執迷的想法、夜晚的惡夢，或當時所謂的「歇斯底里」的反應一遍又一遍重溫自己的痛苦呢？

當時的佛洛伊德還未成爲舉世聞名的心理學家。事實上，這位心理學先驅才剛與他的好友卡爾・榮格（Carl Jung）戲劇性地決裂而身處生涯的谷底。佛洛伊德擔心他的精神分析，這個他對了解人類心智的重大貢獻，可能無疾而終。他有關夢的作用與意義的著作在某些知識圈造成轟動，但是在堪薩斯城不會有幾個人知道他的大名。在一九一四年，雪茄就只是雪茄而已，沒有什麼深沉含意。佛洛伊德那飽含爭議、充滿原創性又富有洞察力（同時往往受到誤解）的針對人類心理的推測是一條導火線——但是炸彈還未引爆。然而當它爆炸時，會將維多利亞時代性壓抑的支柱炸得粉碎，並且授予二十世紀性坦白權利與自由。

但是在此時此刻，佛洛伊德並不滿意。他有關人類心理的觀念是根植於他的生命驅力（life force）理論，一種生活與愛的衝動。生命驅力，或說是本能衝動（libido），在不同的發展階段有不同的表現方式，但是永遠是對生活與歡愉的追求。佛洛伊德將此一力量與希臘神話的厄洛斯（Eros，愛與情慾之神）相連繫。不過，隨著這番激進理論聲名大噪，愈來愈多病人躺在那張以土耳其毛毯覆蓋的躺椅上尋求他的分析，他不得不承認他的性慾理論結構太過簡化。有些病人緊抓創傷與哀痛不肯放手，看來就是生命驅力的反面教材。佛洛伊德無法以他早期所創的「享樂原則」來解釋這樣的情況。

佛洛伊德的創傷資料庫即將鉅幅擴充，因為在懷特牧師去世三個月後，歐洲就輕率地陷入戰火之中，造成之後數以百萬計的傷亡。這場可怕的世界大戰使得佛洛伊德和他那一代的知識分子深受震撼與幻滅。這場戰爭「摧毀的不只是其所到之處的鄉村美景，與途經的藝術結晶，」他後來寫道。「它也粉碎了我們對我們文明成就的驕傲，我們對多位哲學與藝術大師的景仰，以及我們期待最終能克服國家與種族間歧異的希望。它也玷汙了我們科學崇高的公正性，揭露了我們最赤裸裸的本能，釋出我們心中的邪靈，我們原本以爲，這些邪靈在經過幾世紀來高貴思想的教化後已經永遠馴服。」

這場戰亂使得佛洛伊德認爲另一種力量——他的門徒將其力量與希臘神話中的桑納托斯（Thanatos，死亡之神）相連繫——也在人類心智中起作用，誘使受傷的心靈陷入哀悼、悲傷與死亡之中。厄洛斯與桑納托斯。生與死。存有與非存有。正如這場「大戰爭」（Great War，指第一次世界大戰）所激發的文學、藝術、音樂與社會革命，佛洛伊德從中觀察的成果也引發了心理學界的革命。在他的躺椅成爲文化舊談許久之後，佛洛伊德的徒子徒孫把他們的注意力聚焦在心理受創的持久性影響上。經過整整一世紀前所未見的暴力與混亂——大戰爭結束之後，俄國一九一七年革命與亞美尼亞大屠殺接棒，接著是大蕭條、共產主義清算、烏克蘭大饑荒、南京大屠殺，人類一路淌著血走入二次大戰、納粹大屠殺，以及殖民地尋求獨立的血腥鬥爭——使得醫生從來不缺可供研究的創傷病例。

在查理童年時期盛行的「歇斯底里」與「砲彈休克症」概念，在這個世紀的痛苦中反覆打磨，形成了今日的診斷：創傷後壓力症候群（Post-Traumatic Stress Disorder，ＰＴＳＤ）。這種精神創傷的症狀足以致命：ＰＴＳＤ可能導致殺人、自殺與災難性的意外。根據一項估計，有百分之十的女性與百分之五的男性在其一生中都曾經歷某種程度的ＰＴＳＤ。這是二〇一四年的調查結果——正是查理去世的那一年，與他父親在一個五月的星期一去上班之後就天人永隔那天相距了一個世紀。

醫生們直到該世紀末才開始深入探索桑納托斯的邊界與極限，試圖了解爲什麼有人能夠逃脫他的陷阱。是哪些特質幫助著某些人在經歷重大創傷之後不致被擊倒？我先前曾引用過納粹大屠殺中偉大的斯多噶主義者維克多・弗蘭克寫下的話，他的著作《活出意義來》（*Man's Search for Meaning*）即是在極端恐怖的環境下探索這個問題。弗蘭克是一名追隨佛洛伊德腳步的維也納精神科醫師，幸虧他的醫師專長有其用處，使他在納粹集中營待了兩年半仍能存活下來。在那段歲月裡，他親眼目睹極爲可怕的壓力與創傷，而某些囚犯即使是在這慘無人道的環境中依然能夠保持、甚至發揚仁慈、正直與尊嚴的精神，這令弗蘭克震撼不已。他最終做出結論，即使承受著最嚴重的痛苦，人們也能夠選擇爲自己的經歷注入深刻的意義，他並且說出了這句名言：「要發光就必須先承受燃燒。」

近幾十年來，心理醫學界就是在此一基礎上照護創傷倖存者，而不久之前，美國心理學會（American Psychological Association，APA）將其研究成果濃縮爲一份簡明易懂的「心理韌性」（resilience）配方，用以應對壓力。通篇閱讀這些所謂有韌性之人的特質與因應策略時，我彷彿見到了年幼的查理．懷特。

APA建議創傷倖存者「採取果斷行動」，這樣的行動並不需要改變世界，甚至也無需帶來重大影響，但必須是正向的。果斷的行動反映的是我們對自身意志的掌控力量，即使在我們無力掌控所處環境的時刻。弗蘭克描述了他們在達浩集中營時曾有一次被迫在酷寒之中行軍，在萬分痛苦下，他將他的思緒導向他對妻子的愛。他感受到了超越肉體的一瞬火光，「我領悟到何以一個人儘管一無所有，仍能感受上天的賜福，哪怕只是片刻之間。」他寫道。弗蘭克對腦中思緒的選擇，是他在當時極其惡劣的環境下唯一能夠採取的「果斷行動」，而這證明了他要堅守其生命驅力來對抗桑納托斯的決心。面對消沉與焦慮時，採取任何一步果決正向的行動都比癱瘓在原地更好，行動會促進更多行動，決策帶來另一個決策，生活才能創造人生。

當我們接續著說查理的故事，回到他的父親悲劇死亡後的恍惚時刻，我們可以看到這個小男孩身上有某些地方已經掌握了存在主義的眞理。雖然小孩能掌控的事情不多，不過查理盡可能堅持自我。有一天他對母親與姊妹宣布，他要在一年時間裡每天晚上都睡在外面。同樣驚人的是：他母親同意了。「你也知道，小孩總會有天馬行空的主意，」查理在多年後回憶那段經過。「但重點是，我母親會任由我實現那些主意。」根據查理的描述，他在康培爾街住家的門廊擺了一張折疊床，每天晚上就睡在那兒，從濕熱的七月下旬一直到來年寒意逼人的一月。「我還記得那些寒冷刺骨的清晨，」他說道。「我的母親還是放任我去做，這才是重點。」

勞拉・懷特自生活大大小小的各方面來培養她兒子的自信。「你現在是家中的男人了。」他記得母親在父親死後如此囑咐他。她賦予他任務與責任，起初是照顧他們的小院子，接著——當他夠強壯以後——擴展到負責家裡的煤炭供應。「他們會把煤炭堆放在街上，」那對於一個小男孩來說是像座山一樣高的煤，足足有一噸。「我的工作是將煤炭堆到手推車上，運到地下室的窗邊，把煤炭倒入儲煤箱。然後，我還要負責讓煤火保持燃燒。」查理回憶。「到了清晨，大約四點左右，我得起床清理煤渣、補上新煤，把火重新生起來。母親讓我從小就擔負起生活的責任。」

別的孩子可能會抗議要做這麼多事，但是查理發現母親對他的信心賦予了他自由。被當作一名勇者對待，幫助他變得勇敢。在他父親去世後，他淸楚認知到「是長大的時候了」。他將這視爲機會而不是負擔。

有鑑於此，他堪稱爲ＡＰＡ所謂的「韌性」特質的典範。「培養你對自己問題處理能力的信心、你對自身本能的信任，能幫助你打造出韌性。」這是心理學家的建議。或者用查理回憶他童年時的說法：「沒有所謂的外在限制，眞的。你的成功與否完全在於你的能力。母親教導我們的方式就是不給予教導。她的教導之道就是賦予我們責任。」

勞拉．懷特同時也以身作則。她是一名聰慧的女性，「堅強且態度堅定，」他的兒子這樣形容她。「你會知道她的立場，也知道她的原則一向是維持高標準。」她兼具了自立自強、行動果斷與自信的特質，很快就找到一份爲宗教團體或其他組織安排出差旅行的工作，同時也在家裡經營民宿以貼補家用。她一手兼顧這兩份工作，成功維持了生計。

許多年間，查理與他的姊妹們都與寄宿在他們康培爾街住家空房的單身男子共進晚餐。勞拉・懷特根據她的南方食譜烹煮餐點，並以「家常風格」供應。（查理尤其喜歡她做的脆餅與用湯匙舀著吃的玉米麵包。）吃東西的同時，小男孩也會觀察這些男人，將他們當作他未來可能成爲的範本。依照他的說法，他研判他們都是「優質」的男士。「我在餐桌上接觸的是像喬治・曼斯菲爾德（George Mansfield）這樣的紳士。」他是當地一家報紙的發行部經理，還有電氣工程師傑克・諾蘭（Jack Noonan），他後來娶了查理的其中一位姊姊。他發現自己尤其受到那些傳教士所吸引，他們是他母親在教堂工作而認識的。這些人無畏無懼，他們環遊世界、爲人治病。查理告訴我，在餐桌前的眾多榜樣中，他首次萌生了成爲一名醫生的想法。

不過我們的故事還沒進展到那裡。我們現在的主題是創傷與韌性。在我們去維也納拜訪佛洛伊德之前，我們看到的是一個悲傷逾恆的小男孩，突然間失去父親，食不下咽。當時學校已開始放暑假，來訪的傳教士熱烈的餐桌對話還在未知的未來，家中的氣氛一片哀戚。「在那種悲傷絕望之下，加上各種原因，」查理回想當時跌到谷底的家，「我母親認為我最好脫離家中女孩們帶給我的種種影響。」勞拉・懷特與她的女兒們都試圖安慰查理，但或許這個小男孩此刻最需要的就是他所失去的：身邊男性的影響。查理的母親決定把他送去夏令營。

把城市男孩（後來也包括女孩）帶到原野，為他們安排突擊式冒險之旅的主意，又是巨大變遷正在橫掃社會的另一個表徵。工業化與都市化在當時被視為青少年培養男子氣概的兩大威脅。維多利亞時代的哲學家約翰・史都華・密爾（John Stuart Mill）認為英雄主義的消亡與人類的進步推展有直接的關係。「文明進步自然形成一個後果，」他寫道，「就是女性化心理與無力進行各種鬥爭。」心理學家史丹利・霍爾（G. Stanley Hall）在他一九〇四年頗具影響力的著作《青春期》（*Adolescence*）中就提倡孩子應從無拘無束的野生狀態起步，接著才成熟並進入家庭生活。城市生活破壞了男孩的精神面貌，從而阻礙了這種發展進程。「男孩子可不是坐著不動的動物，」童子軍之父羅伯特．貝登堡（Robert Baden-Powell）如此倡導，他在一九〇七年成立他的首座夏令營。「野外生活是童子軍的實質目標，也是其成功關鍵。」

根據一位學者的統計，在查理童年期間，美國夏令營的數量成長逾十倍，由世紀交替之初的不到一百座，在一九一八年成長至一千座以上。查理母親偶然碰上的夏令營叫作男孩十字軍（Boy Crusaders），在密蘇里州奧札克高原（Ozark Mountains）上的小村莊安德森（Anderson）附近，位於該州的西南角。根據查理近一世紀後的回憶，夏令營的老闆——顯然也是唯一的員工——是位單身的整骨醫生，他的家族在堪薩斯城附近開設的診療所生意興隆，專精於非手術性的痔瘡治療。雖然男孩十字軍主要招收青春期的少年，但是一心想幫助她兒子走出喪父之痛的勞拉．懷特在最後關頭爲查理爭取到入營的機會。在夏令營的報到日，這位在暑假過後將升三年級的小男孩和十幾位較為年長的同伴一起搭上火車，他們大都是青少年。他們將前往安德森，在山裡待上一個月。

當他們抵達這座斯巴達營地，查理發現男孩十字軍將回歸自然的宗旨發揮到了極限。「我們一到那兒，他就把我們的衣服全都沒收，」查理回憶著那位營隊主持人。「他說：『你們必須脫掉衣服。』我們整整一個月的時間就像土著一樣，一絲不掛地跑來跑去。噢，我們真的很快樂！我們就像印第安人，你懂我的意思。我們過的是真正的粗獷生活。」很顯然地，事先籌備不是那位整骨醫生的強項。當營地的牛奶喝完了，他指示幾個男孩子穿上衣服到附近的農莊去買。查理表示，他們的三餐都是簡單的燕麥粥——這樣的飲食完全治好了他偏食的毛病。「我回家時已經變得像是一個土著，什麼都吃。」

在那個時候，世人對裸體的態度與今天有所不同。男孩俱樂部、基督教青年會（ＹＭＣＡ），甚至公立高中都會要求男孩游泳時裸體，他們的理論是穿著原始粗糙的游泳衣反而更不衛生。但是即使是在那個時代，一整個月不穿衣服仍是異常之舉，而在我們多年的友誼中，我一遍又一遍聽著查理的故事時，我開始懷疑他在敘述夏令營的故事時有所保留，保留了一些造成創傷的情節。

以下是他曾說過的部分。在描繪了「你所能想像到最瘋狂的夏令營」中他那令人難以置信的經歷之後，查理有時會就事論事地補充，男孩十字軍在那個夏季之後維持不到幾年就停辦，肇因於有人投訴那些赤身露體的男孩遭到性騷擾。根據查理的說法，在有關當局對此展開調查時，那位整骨醫生在當地頗具影響力的家族動用關係擺平了這樁醜聞，並將他們的兒子送至歐洲。我曾經試著去尋找這座夏令營或是醜聞的紀錄，都是無功而返，不過我的確證實了故事中的醫生後來離開堪薩斯城，在歐洲住了許多年。他在歐洲研習藝術，成爲一位頗有成就的水彩畫家，還加入了倫敦幾家高級俱樂部。一九四〇年時他住在巴黎，意味他經歷了納粹占領的生活。他在二戰結束後才返回美國，曾在肯托夸活動與扶輪社多次發表有關納粹的演說。查理偶爾會在《堪薩斯城星辰報》（*Kansas City Star*）讀到他的藝術評論文章。

男孩十字軍並不是一個大規模的夏令營。以我對查理故事的了解，搭乘火車從堪薩斯城前往夏令營的男孩們可能就是全部的成員了。儘管是如此緊密的接觸，查理堅定表示他並沒有受到性騷擾。「我當時太小了，根本就不會接觸這些事情。」他說。就這方面而言我相信他，畢竟一個把目標放在青少年的色情狂很可能不會把魔爪伸向年幼的小孩。但是在查理對夏令營的歡樂回憶中，有一些什麼一直困擾著我，聽了他在百歲大壽後沒多久接受訪問的錄音，我心中更是疑慮叢生。他錄製了三段口述歷史，每段長一個小時，在他去世後，他的家人同意與我分享這些紀錄。

他的口述中有一句話令我印象深刻：「我記得我在那裡變得非常強悍，」查理在提到夏令營時這樣說道。這個形容詞——強悍——與這個故事的其餘部分完全不搭調，他總是輕笑著述說整個故事，伴隨著一種嬉鬧的氣氛。或許，他說強悍只是單純想再次強調夏令營的男孩都是「過著粗獷的生活」。但是西格蒙德·佛洛伊德可能會問，這一形容詞是否爲某種精神壓抑的表徵。查理當時只有八歲，而且身處於一群遭受侵害的裸體青少年之間。有許多證據都已顯示性虐待的受害者往往會成爲加害者，而年長的男孩霸凌幼童也是多有所聞，儘管令人沉痛。當查理表示「我當時太小了，根本就不會接觸這些事情」時，他指的是那位醫生的性騷擾。但是我也不禁想到，在那樣的氛圍下，查理可能會成爲某位或不只一位青少年的目標。而這有可能是他在那年夏季變得強悍的原因。

我對查理曾在夏令營留下創傷的懷疑，使我對他的另一則故事有了不同的觀點。在講述瘋狂夏令營的故事時，查理都會以一件與回家有關的趣事作爲結尾。他說他實在迫不及待想回家，當那輛慢車停靠在堪薩斯城以南大約二十英里的馬丁市（Martin City），他就跳下了火車，獨自步行前往最近的路面電車。最初幾次聽到這則小插曲時，我覺得這個小淘氣穿越田野與農莊，設法找到回家道路的模樣十分動人。但是我想得愈多，就愈覺得另有蹊蹺。即使火車爲了抵達飼養場附近的舊車站而大迴轉繞過市中心，速度也不會比一個徒步而行的小男孩更慢。更何況才八歲的查理並不是一個經驗豐富、熟知各條捷徑的旅行者。查理曾有幾次搭乘火車去他祖父的農莊，不過那趟旅途與來回夏令營的路線並沒有重疊。

他提前下車眞的是因爲他太急著回家——還是急著想離開他在夏令營的同伴？如果查理被年長的男孩霸凌或是騷擾，他一逮到機會就趕快擺脫他們就有充分的理由。

不論脫隊的動機爲何，我們只知道當他抵達住家時，查理的母親並沒有立即認出他來。全身赤裸在太陽底下曬一個月，使他曬成橡實般的褐色。勞拉・懷特詢問兒子在夏令營過得如何。他給出了歡樂、愉悅的回答，與他後來終其一生所說的版本一模一樣——不論這是不是全部的事實。查理顯然決心不再增加母親的負擔。「我非常尊敬我的母親，我絕不會再爲她增添任何一點煩惱。」他曾這樣說。他認爲保護她最好的方式，就是堅決不將他的經驗變成她的包袱，不論那經驗是好是壞。生活、學習，然後向前邁進。於是，查理夏令營故事最重要的事實大概就是——無論那個「噢，我們眞的很快樂」的地方曾發生什麼事情——查理從此沒有再回去過。

在查理去世一段時間後，我將我對男孩十字軍的疑慮告訴他的女婿，同時也是我的朋友與鄰居的道格。道格是一位才華出眾的法庭訴訟律師，自不完全合情合理的故事中發掘漏洞的能力造就了他卓越的職業生涯。原來他對查理的夏令營故事也有一些懷疑，總覺得有些漏失的地方。

他補充了一些他自己知道的間接證據：在二〇一二年的冬季，道格記得，賓州州立大學的性侵醜聞案占據了新聞版面，而當時他經常和查理在一塊。這樁醜聞導致傳奇美式足球教練喬・帕特諾（Joe Paterno）的事業生涯毀於一旦，因爲他長期共事的助理傑瑞・桑達斯基（Jerry Sandusky）被爆出與未成年的男孩一同摔角、共浴與旅行。大學的官方人員，包括帕特諾在內，卻對有關桑達斯基性侵犯行的一項報告置之不理。最終賓州的陪審團認定桑達斯基犯有涉及多名被害人的四十多項性侵相關罪行。而令道格感到驚訝的是查理對此一案件嚴重性的輕描淡寫。

我們猜想，如果查理在年幼時選擇淡化他在夏令營受到創傷的經驗，他就可能在多年後覺得有必要淡化其他人因類似經驗造成的傷害。我想起小時候我父親對我們受到擦傷、腦震盪與骨折的慣常反應。他會跟我們說他小時候也曾經歷這樣的痛，結果都安然無恙。「別管它就好了。」他都是這樣告訴我們。這樣的因應方式可能讓人看起來對他人的痛苦麻木不仁，但同時也是一種建立忍耐力與點燃希望的策略。「培養放下傷痛事件的能力」正是APA增強韌性的工具之一，而其中一個方法就是盡量降低它們造成持久傷害的力量。

即使還只是一個孩子，查理已知道自己別無選擇，唯有繼續向前。「我不記得自己曾經感到非常快樂，」他有一次如此談到他的童年，但是他選擇不去老是想著不快樂的事情。就如他所說的，「我們沒有時間悲傷。」抱持這樣的態度，查理展現出早熟的思多噶主義思維。他不會成爲行動、決定、命運以及他人進犯行爲的奴隸。他的心態與作家利奥・巴斯卡格里亞（Leo Buscaglia）的建議不謀而合：「你抱住痛苦不放是爲了什麼？對於昨日的錯誤，你無能爲力。」或者如APA所說：有韌性的人會「避免將危機視爲無從克服的問題。」反之，他們把創傷視爲磨練心志的機會。愛比克泰德曾經說過：不幸是培養我們內心裡那位奥運選手的刻苦訓練。

不過，查理當時畢竟只是個孩子，若說他的心靈從此不受打擊是不可能的。當他長大以後回顧那段悲傷歲月，那種無依無靠的孤獨比起創傷更加刺痛他的心。他清楚記得當他看見與自己年齡相仿的小孩與他的父親——活生生的、會動會說話的父親——一同歡笑、共進午餐、玩傳接球，那一刻湧上他心頭的苦楚。查理表示，這種時候是最難受的，失去至親的痛苦像一巴掌打在臉上，哀傷拖著他的腳跟。隨著時間推移，從幾個月變成幾年，查理才漸漸學會相信這一波又一波的悲傷浪潮都終會過去。

而一旦他學會了，他就再也不會忘記。這份知識成爲往後一輩子幫助他克服艱難險阻的泉源。「每個人面對困境的方式都不一樣。」他說道。確實如此，有些人會受困於此、動彈不得，但也有些人在逆境之中彰顯他們最眞實的自由。

查理具有一種把每件事情都說得有趣的本領，甚至他被規定每週上教堂的事也一樣。很顯然地，勞拉・懷特認爲自己在擔任牧師妻子期間已充分履行了她參加週日禮拜的義務。「她說：『你去教堂，』但是她不跟我一起去，」查理回憶。查理承認這是「不尋常」的做法，但這也反映出他的日益獨立。

查理還算喜歡去教堂。主日學校中，一位盡忠職守的女士領導的聖經研讀通常都枯燥乏味，不過這位女士的丈夫，市警局的一名警探，會講述邊境地帶的不法之徒與拓荒先鋒的傳說故事，讓這無聊的活動變得生動起來。查理也挺欣賞教堂的牧師，就他的看法，牧師的「布道相當精彩」。這個男孩對於上教堂就像他堅持要睡在屋外一樣堅持不懈，他因爲連續七年都未缺席過一次主日學而獲得一枚別針的獎勵。

而在平日，他就讀於海德公園的小學，海德公園是一個高級社區，離他家是走路就可以到的距離。儘管他認爲自己「只是一個平凡的學生」，但是他的老師顯然並不這麼認爲。尤其是在他父親去世、參加過夏令營的那個夏天之後，老師們認爲查理身上有種其他同學所沒有的成熟。結果他三年級只念了一半就升至四年級，隔年又再次跳級，由五年級跳到六年級。他進入高中時比其他同學年輕兩歲，但查理依然輕而易舉、滿腔熱情地融入西港高中（Westport High）的社交生活中。

當時的美國正值社會加速轉型期，由一個教育只屬於少數人士的社會，轉型爲教育是人民普遍享有的權利與期望的社會——至少對於像查理這樣的白人孩子是如此。西港高中就是此一轉變的象徵。這所學校擁有氣勢非凡的紅磚建築，成立於一九〇八年；當年全美十四歲到十七歲的青少年中只有百分之十左右進入學校，不過到了查理就讀九年級的一九一七年，這個百分之十的比例已差不多變成三倍。（又經過一個世代之後，該比例達到約百分之七十。）

在高中教育（某些方面來說）變得益具包容性的同時，教育界人士開始擔心高中內部高度排外的兄弟會與姐妹會等團體的興起。在許多文章與頻繁的專家小組討論中，具領導地位的校長與教育局長將學生間的種種惡習與拉幫結派歸罪於這些往往十分勢利的小團體。例如一九〇四年芝加哥教育當局就指責「祕密結社的效應是將學校分裂成小團體，破壞行動和感情上的團結與和諧，使得師生之間本應存在的良性關係變得更難以維持。」

查理完全不同意。「在那個年代，高中的兄弟會眞的很棒，」他開心地說起有群男孩慫恿他加入他們在西港高中的小團體。他加入的這個兄弟會叫作德爾塔・奧密克戎・奧密克戎（Delta Omicron Omicron），有自成一套的榮譽準則，由老成員組成的特別法庭來強制執行。「每次集會都會設立一個袋鼠法庭，」查理回憶。「如果有菜鳥行爲越軌，他就必須站出來接受大家的批評。」他記得有些違規的朋友甚至被罵哭了，不過他此後一生都堅信這種問責制的實行是「任何人所能經歷的最重大影響之一。沒有什麼比同儕的批評更具衝擊力。我們早在高中就學到這點了。」

這群男孩子有時會搭電車去城南的電氣城（Electric City）遊玩，那是個有著閃爍的霓虹燈、噴水池與驚險刺激的遊樂設施的神奇樂園。他們也會到當地球場撿拾別人打丟的高爾夫球來自學自練。他們會群集在學校附近的大街上，遊逛到這個女孩、那個女孩的家。一個週日下午「我們大概去敲了六、七家的大門，」他說道。女孩的父母不是很高興看到他們，因爲這夥男孩「全都抽菸」，還把菸屁股丟在褲管的褶邊裡。不過正如查理所說，這些大搖大擺的年輕人有許多後來都頗有成就，成爲律師、法官、醫生與商業人士。查理在兄弟會最好的好友查理・帕克（Charles Parker），後來在一九二七年獲得萬中選一的羅德獎學金，進入牛津大學就讀。

與此同時，在查理的生活中，工作與學校和朋友同等重要。查理爲鄰居割草打工。每到收成季節，他就會到附近農莊幫忙繁重的農活。十六歲時，他成爲他姊夫傑克・諾蘭，前面提過那位電氣工程師的學徒。每天放學後，查理就到城裡諾蘭經營的吊燈店工作。「他們給我一堆燈具，安排一輛車給我，我就開車出去，花一個下午裝好一整間房子的燈。」他回憶道。當年家家戶戶都正將煤氣燈改爲電燈，這位小學徒學會了如何切斷不穩定的煤氣管道，接上會產生火花的電氣照明。他運氣不錯，沒有燒掉任何一棟房子。

那一年自高中畢業時，查理・懷特感到自己已經通過了逆境的考驗，獲得了成功的歷練。他是與年長同學平起平坐的朋友。他是母親的助力，對家中經濟有所貢獻。他在父親意外身亡後被迫快速長大，但也因此對自己的能力培養出一種內斂的自信。他已證明自己是個機敏、可靠、自律且韌性十足的人。

在這樣的心境、這樣的時刻之下，查理展開了一段過去少有人涉足的旅程，一趟朝向未來的航行，一次追尋，一場如史詩般的冒險。

Chapter

05

在我看見查理爲他女友洗車的那個早晨之後不久，我某天與孩子們在屋外玩耍。查理從他家前門走出來，對我們揮手、大喊。他有東西要給我們看，我們隨著他從他房子的側門進入後院。在院子遠處一角立著一座遊戲屋，建造得和他住的房子配成一套，還漆上相同的青苔色。由於已棄置多年，遊戲屋顯得老舊且布滿蜘蛛網，但仍然引起孩子們的興趣。「隨時來玩。」查理告訴他們。

他領著我們穿過側門回到屋內。前廳裡立著一具眞人大小的聖誕老人（儘管當時是八月中）。「你們看看這個！」查理說道，眼裡閃爍著光芒。他顯然沒有平衡方面的問題，只見他敏捷地彎下腰拾起電源線，準確地插進牆上的插座。聖誕老人的眼睛立刻亮起來，開始搖頭晃腦。「呵、呵、呵！」發出熟悉的笑聲。這具電子聖誕老人揮動手臂、嘴巴開合，唱了幾句聖誕頌歌。

孩子們目光投向我，有些手足失措。一具身高五英尺半、會唱歌的聖誕老人確實很酷炫，但在這個盛夏的酷熱日子裡，他怎麼會出現在這位老人的客廳裡呢？查理解釋聖誕老人是他一個女兒送的禮物，他覺得這個歡樂的傢伙很有趣，決定不收起來繼續擺在這裡。「我喜歡有許多東西圍繞在我身邊。」他說著，又領我們到隔壁房間去欣賞他珍愛的古董決鬥手槍。

從那時開始，我一有機會就會去拜訪查理，而且沒有一次空手而歸，總會帶回一則故事，或十則故事。與查理的對話很容易就跨越幾十年、穿越好幾個世代，交織著冒險精神、機智與驚奇。世上所有的記憶都經過挑選，所有的自述也都經過刪節。我們所遺漏的與我們所揭露的一樣具有啟發性。查理的故事總是積極向上。他的懷舊不知怎地開啟了新的可能性；他的過去是一個充滿前瞻性的所在。

比如說，我注意到第一次世界大戰與一九一八年流感大流行從未明確出現在他的故事裡，儘管這可怕的兩大事件就在他身邊發生。對於一個十二、三歲的少年來說，看著比他大不了幾歲的年輕人踏上征途，前去拯救自掘墳墓的歐洲，應是一件令人心潮澎湃的事。那其中包括一位比查理年長六歲，在《堪薩斯城星辰報》工作的年輕人，名叫歐內斯特·海明威（Ernest Hemingway）。

這支軍隊是由一位當地英雄領軍。就算不是當地，也夠接近了。那名英雄就是堪薩斯城引以自豪的美國遠征軍總司令，英俊的約翰·潘興將軍（General John J. Pershing）——別名「黑傑克」。他出生於一百英里以外的密蘇里州拉克利德（Laclede）。這位風度翩翩的將軍當時因為追擊墨西哥的革命領袖龐丘·維拉（Pancho Villa）而成爲報紙新寵兒。潘興在歐洲的功績使他獲得美國陸軍特級上將的崇高地位，是喬治·華盛頓（George Washington）之後的第一人。迄今還沒有出現第二人（不過二〇二一年立法機構已提案追授已故多年的尤利西斯·格蘭特〔Ulysses S. Grant〕特級上將的頭銜）。在一次大戰後，堪薩斯城設立一座紀念碑以表彰潘興的貢獻，並向陣亡的將士致敬，十天內就自當地居民募集到二百五十萬美元的興建費用。這是一座雄偉的高塔，頂端燃著熊熊火焰，就矗立在查理小時候經常跑去觀看聯合車站工程的那座山丘上。

流感大流行也是在堪薩斯城當地上演的故事。此一兇猛的病毒足跡最初可以追溯到堪薩斯城郊的一座美軍訓練營。攜帶著病毒的美國大兵們通過聯合車站被送往戰場，跨越整個國家、再到歐洲，一路傳播著病原體。最終全球有三分之一的人口遭到感染，城市紛紛封鎖，太平間擠滿了屍體。人民抗議著命令他們留在家中、到公共場所需配戴口罩的法規。將近七十萬名美國人喪命，其中許多人正值盛年。

這些都屬於二十世紀最驚心動魄的事件，但都不在查理的故事中。當死亡與苦難籠罩全球，查理卻正在眺望他人生的光明前景。即使還在就讀高中，他似乎已意識到自己只能年輕一次，而他可不想把青春的體驗浪費在爲戰爭與疾病的亡靈哀悼。反之，在他十六歲，即將從高中畢業的那年，查理正充滿夢想地構思著屬於自己的獨立宣言。

在汽車工業的黎明之際，那趟漫長而曲折的加州之旅成爲查理人生的經典故事。去探望他的時間中，我聽到這則故事的次數遠高於其他。他珍藏著這個故事，像是一個護身符般不時回顧，彷彿光透過這一趟意義深遠的旅程記憶，就能喚醒一整個世紀的歲月。

打從穿著帶流蘇的皮褲跳過營火的小時候，查理就已感染了那股熱潮，就是當初創造出堪薩斯城的同一股熱潮：前往西部。那一波波席捲美國原住民部落土地的人潮——篷車隊、徒手拉車的拓荒先鋒——就是在堪薩斯城集結出發。若是負擔得起，他們騎馬西行，若是負擔不起，就徒步向西邁進，他們穿過高與肩平、遼闊如海的草原；跨越和他們攜帶的肉乾一樣乾的沙漠；攀過如他們夢想一般陡峭的高山。一路向西，彷彿在追逐落日。

當查理來到堪薩斯城時，那些拓荒者的鬼魂還很年輕。堪薩斯城是東部的終點，西部的起點，是路易斯（Lewis）與克拉克（Clark）深入探勘路易斯安那購地案的地方，也是開啟世界歷史上最大宗的土地搶奪與地產交易的門戶。

首先來的是拓荒先鋒布恩（Boone）家族，丹尼爾（Daniel）與他的兒子們；接著是身分為山人（mountain man）的吉姆．柏瑞哲（Jim Bridger）；偵察兵基特．卡森（Kit Carson）；摩門教先知楊百翰（Brigham Young）；注定敗亡的唐納大隊（Donner Party）：所有渴求黃金、白銀、自由與肥沃土地的追尋者；野牛獵人；激進的聖經傳教者——不可勝數的美國人民為了追尋未來，搭上了船隻、篷車和火車，向西前進！他們途經堪薩斯河匯入密蘇里河之處，大陸的生命中心。也就是所有的西部小徑——加州小徑、聖塔菲小徑、俄勒岡小徑——的起點。

這段歷史在查理的加州之旅中與未來交會。你要知道，在查理八歲生日後不久，福特汽車公司就推出經濟史上最革命性的創新之一：工業裝配線。福特在密西根州高地公園（Highland Park）新設的工廠把建造車體所需的時間縮減了百分之七十五。其他的裝配線也很快投入生產，以同樣令人驚豔的速度生產引擎、傳動系統與輪胎組件。在一九一二年，建造一輛福特T型車需要十二個小時，然而到一九一六年僅需九十三分鐘就能卸下裝配線。生產效率的遽增讓福特得以將員工的薪資加倍，同時還能將汽車價格調降三分之一。

福特T型車在美國造成轟動。便宜、堅固耐用又容易修理，這款簡單的車子——據稱有各種顏色，實際上以黑色車款爲主——釋放出人類基因中的某種天性。數千年來，人類都用步行的速度移動，穿梭在步行可及的距離。如今，這具隆隆作響，噴著熱氣的機器，重塑了地理、經濟與社會的面貌。高速公路、加油站、卡車休息區、汽車旅館、速食餐廳、購物中心、郊區：這些全都是此一創新——價格親民又結實耐用的汽車——所帶來的產物。這種汽車的出現代表的是純粹的自由，想走就走，想停就停。

在高地公園的裝配生產線出現之前，美國每一百人中只有一人擁有一輛汽車。九年後，也就是一九二二年，此一數字已成長超過百分之八百，約莫每十人就有一人是有車階級。當時美國人民所擁有的汽車當中大約一半都是福特T型車，其中有許多都是在福特的第二座現代化工廠裝配的，該廠在一九一三年於堪薩斯城啟用。

就各種意義而言，福特T型車都可以被視爲汽車時代的開端與汽車文化的搖籃；而這是查理的世界中又一個天翻地覆的變化。汽車改變了人們購物、用餐、求愛與死去的方式。汽車改變了人們住的地方、社交的方式和對鄰居的熟識程度。汽車之後也改變了人們的體能健康，他們所呼吸空氣的氣味。馬糞的惡臭換成了汽車廢氣的刺鼻氣味，馬車車輪的嘎嘎聲也被燃油引擎的嗡鳴所取代。

就在查理就讀高中的當下，這場有如火山爆發的劇變使得整個文化的地表爲之震動。他爲之著迷，深陷於名爲自由的魔力之中。查理和學校裡的兩位哥們擬定了一項祕密計畫，打算駕駛一輛福特T型車自堪薩斯城開到洛杉磯。

即使是成年人，這也是一個大膽的主意，更遑論是三個青少年了。就算是有路可走的地方，路況也是很糟：沒有鋪砌的路面、轍痕累累、不是一片泥濘就是塵土飛揚。許多河流都沒有橋梁，小溪更不用說。交通法規根本就不存在。

弗洛伊德・費爾德（Floyd Field）是最早的汽車遠征英雄之一。他是喬治亞理工學院（Georgia Tech）的一名院長，在一戰後的某個夏天從亞特蘭大出發前往俄勒岡。他駕著被他學生冠名爲「流浪爛傢伙」（Rambling Wreck）的一輛福特T型車橫跨大陸，他的去程和回程各自都需要五個星期。大自然爲他設下了速限：大約每天能行駛七十英里，沿行沒有標誌的道路，穿越毫無人跡的熔岩平原，在蜿蜒曲折的山間小徑奮力爬行，在一望無際的大草原上顛簸著追蹤馬車的車轍痕跡。多虧這位院長的樂觀與堅持不懈，再加上這輛車子堅固的部件，「流浪爛傢伙」的成就直到今日都還在喬治亞理工學院爲人所稱頌。

這三個男孩腦中也有類似的計畫。他們知道——或者他們自以爲知道——這趟旅程有多艱難。堪薩斯城的道路破爛不堪是出了名的。在查理與他的夥伴自高中畢業的那一年，一位比他們年長幾歲的年輕藝術家正在查理家不遠的地方努力開展新事業，這人名叫華特・迪士尼（Walt Disney）。迪士尼從事的是一種新型態的藝術，稱作「動畫」，他將一系列短片賣給了城中的紐曼劇院（Newman Theater），影片內容是對當地議題的詼諧諷刺，迪士尼將其稱爲「莞爾一笑」（Laugh-o-Gram）。這些短片在紐曼劇院沒有雜耍表演的夜晚，於正片開始之前放映。其中一部動畫戲謔地表現在堪薩斯城開車有多危險。這位年輕的藝術家描繪出一幅畫面，坐在一輛小破車——福特T型車——裡的兩名乘客彈到空中好幾英尺高，車子的一個輪子撞到岩石而彈飛出去，一個輪子陷入坑洞裡。

觀眾對這些新穎的短片深深著迷，因爲看來幾乎像眞的一樣。但是迪士尼在堪薩斯城的事業並沒有起飛，於是和查理一樣，年輕的迪士尼決定動身前往加州——不過迪士尼選擇搭乘火車。

有個座落於堪薩斯城的組織下定決心要把美國變成一個汽車之國。全國老路協會（National Old Trails Road Association）——這個名稱喚起了人們對篷車隊的回憶——召集一群汽車愛好者，大力遊說政府鋪設首條連接東岸與西岸的公路。他們建議的路線是依循原始國道從馬里蘭州走到伊利諾州，然後在那兒連接上布恩家族橫越密蘇里州的足跡。到了堪薩斯城，這條路徑會取道歷久彌新的聖塔菲小徑，橫跨堪薩斯州、穿越洛磯山脈，向南進入新墨西哥州，途經西南部的沙漠到達洛杉磯。爲了推廣這條路線，全國老路協會沿著朝太平洋向西而行的泥巴小徑與農莊窄路，在籬笆、樹幹與岩石上設立標誌。協會同時也出版這條路線的導覽手冊，提示沿途哪家藥房有賣汽油，哪家商店又有賣輪胎。另外。手冊還提供尋找路線的撇步：在粉刷成白色的農舍左轉，或是看到扭曲的樹椿就右轉等等之類的指示。

查理在高中兄弟會的一位哥們名叫鮑伯・隆格（Bob Long），他的父親，據查理告訴我，是「一位很富有的房地產商」。隆格擁有一部一九一七年的福特T型旅行車，配有輪胎擋泥板、雪斯特菲爾德皮革座椅（Chesterfield seat）與可以折疊的車篷。隆格一心想駕著這輛車橫越美國，於是邀請查理與兄弟會的另一位哥們艾德加・史諾（Edgar Snow）一同在一九二二年五月高中畢業後駕車前往加州。

隆格挑選的夥伴都很不錯。艾德加．史諾和查理一樣大膽，甚至有過之而無不及。他和查理在班上年紀最小，兩人感情特別好，而且一樣總是急於證明自己。他們都對世界的可能性充滿憧憬。史諾有志於開創旅遊與探索的事業，去到別人不敢涉足的地方，寫下他發現的種種故事——愈波瀾壯闊愈好。史諾要不是正在爲兄弟會報紙劈里啪啦地打字，就是在孵育他那無法自拔的探險家之夢。鮑伯．隆格去加州的提議，取代了他盤算許久的划船從密西西比河順流而下的冒險計畫。

史諾當時並不知道——但也許心中有所期待——這趟福特T型車之旅是一個開端，使他最終成爲全世界最著名的海外記者之一。十多年後，他的「世紀獨家新聞」造成轟動，彼時這位年輕的記者深入中國內陸追蹤一名反對派領袖。史諾是第一位採訪到毛澤東的西方記者，他寫下當時經歷的重磅著作《紅星照耀中國》（*Red Star Over China*）在一九三七年出版，一躍而成熱門暢銷書。到了「抹紅」的一九五〇的年代，史諾被指控爲親共分子，於是自我流放到瑞士，他年少時的好友查理曾前去探望。史諾最後一則獨家新聞是一九七〇年某期《時代》（*Time*）雜誌的封面故事，是另一篇毛澤東的專訪，當時距離他打贏內戰已過了許久。這名年事已高的獨裁者利用史諾的專訪藉機邀請美國總統尼克森來訪中國。其餘的都寫在歷史中了。

不過這是把近五十年的時光壓縮在幾句話之中。回到一九二二年，我們會看到三個男孩、一趟旅程與兩個障礙。

第一道障礙是他們的父母。根據查理的說法，隆格不太願意去請求父母同意這趟旅行，他認爲他們一定會反對。基於事後尋求寬恕比事先徵求同意更容易的理論，隆格需要一條計策來掩飾他的出走。至於查理，他很確定只要自己開口，母親一定舉雙手贊成，但他在叛逆取樂的驅使下選擇幫助隆格一起瞞過家長。

第二道障礙爲他們的計策指引了方向。查理與史諾都沒有多餘的錢可充作旅費，不過堪薩斯大草原的冬麥正值收成季節，到處都需要人手。男孩們於是告訴父母他們要出外打工來賺取大學學費。他們心中打的如意算盤是只要攢夠錢了就一路西行。

他們在一九二三年的晚春啟程，兩人坐在車子的前座，一人斜倚在後座的長凳上。他們跟在貨運馬車隊後面搖搖晃晃地出城，車速不比慢跑快多少，穿過幾無人跡的田野，越過雜草叢生的弗林特山（Flint Hills），駛入高而平坦的平原。他們一路上只能依據全國老路協會的導覽手冊，在標誌與標誌之間確認路線。「根本就沒有路，也沒有地圖，」查理回憶。「我們所有的指引就只有『這個方向走十英里，你會看到一棵很大的鐵杉，就在這兒右轉』——這一類的指示。」

幾乎在每一個十字路口，他們都會看到農莊用一天六美元徵求人手的手寫廣告牌。查理記得，手頭闊綽的鮑伯．隆格並不缺錢，因此他們一路開車，找到擁有一家像樣的旅館的小鎮才停下來，隆格租了一間房間休息、消磨時間，查理與史諾則是到附近的農家打工。「從日出到日落，我們都頂著大太陽搬運小麥。」查理回憶道。

這兩個城市男孩可有得學了。上工第一天，兩位年輕的西港高中畢業生就被教導認識一具原始的機器。這具機器叫作收割機（header），是一個由並排的四匹馬拖動的開放式滾筒，滾筒上有旋轉的刀片。這部機器會割下小麥，將小麥送上嘎嘎作響的輸送帶，隨之落入在旁緩慢跟隨的裝貨馬車。趕著馬在崎嶇不平的田野裡前進是一件辛苦的工作。小麥塵粒會塞滿男孩的鼻孔、覆在他們汗濕的身體上。當貨車已經裝不下更多小麥時，男孩再駕著貨車來到集中收成的地點，將小麥綑綁成束並堆疊起來，準備送入打穀機。

「我們就睡在地上，」查理告訴我。「我們實在太累了，有時乾脆直接在馬匹的飲水槽裡洗澡。」雖然這個故事我聽查理說過好幾遍，我依然對他在其中展現的自信佩服不已。不僅是因爲他啟程踏上未經鋪砌的道路橫跨美國時才十六歲，也不僅是因爲他沒有讓任何人知道他要去哪裡、何時回來。他出發時身無分文，卻篤定自己能完成這趟旅行。雖然對農業一竅不通，但是他對自己快速學習與辛勤工作的本事深具信心。「其實還滿有趣的，」查理沉吟。「我們只是什麼都不懂的高中小鬼，連該如何爲馬匹套上輓具都不知道。我們第一次上工那天，清晨四點，農夫丟來一副輓具說道：『幫馬套上。』可把我們搞慘了，我們整個前後套反了。」他笑著回憶。「我們後來摸索著學會了，幾天之內就成爲專家——高中小鬼就是這樣。」

我很喜歡這句話：**高中小鬼就是這樣**。查理和他勇敢無畏的朋友史諾不僅擁有他們所需要的勇氣，同時也了解他們能端上桌面的長處。前輩的技術與經驗勝過他們，但是他們對成長與適應的熱切渴望彌補了這一點。機敏與韌性是一對表兄弟。面對欠缺經驗與未獲肯定的弱點，這兩個男孩機敏地運用他們手中握有的籌碼——首先就是年輕人肯做肯學的態度。

在小麥田裡工作一個半星期之後，查理與史諾都已成爲相當能幹的農場好幫手，練得一身結實肌肉，各自口袋裡還多了五十塊錢。他們急著想大花一筆。「我說：『我們發財了！』」查理回憶。「咱們去加州吧！」

駕駛一輛福特Ｔ型車與今天的駕車經驗大不相同。要發動這輛車子，駕駛或是一位乘客先要將一根手搖曲柄插入在車頭水箱罩下的狹縫，在調整阻風門、啟動化油器後，大力轉動曲柄半圈。理想狀況下，這會讓小型的磁電機產生足夠的電流，將燃油點燃並噴入第一汽缸，啟動引擎。轉動曲柄是早期駕駛汽車的最危險環節之一，因爲如果燃油與空氣的混合出現差錯，引擎可能就會逆火，使得曲柄猛烈彈出、造成手腕骨折。一旦出現平穩的突突聲，就意味福特T型車的直列四汽缸引擎——也就是後來大家說的「老四缸」(four-banger)——開始產生它的二十四馬力，這在當時可謂了不起的成就。這股能量會透過兩段變速裝置輸入後輪。

坐在車內，駕駛面對的是從方向盤柱伸出的兩支小型操縱桿。它們不是用來打方向燈，也不是用來操控雨刷，因爲這兩樣在當時都不是福特T型車的標準配備。其實，左手的操縱桿是控制引擎的點火正時，右手的則是用來調整速度。

三個金屬踏板與一支大型的操縱桿從車內地板上冒出，操作這幾樣裝置可以控制車子的排檔。踩下最左邊的踏板並且扳動操縱桿，駕駛人就可以由空檔切入低速檔，再上到高速檔。中間的踏板用於倒車。右邊的踏板控制煞車，透過煞車鼓對傳動機構施加摩擦力來產生作用。(福特T型車沒有油門踏板——記得吧，加速器是裝在方向盤柱上。)

假設駕駛已經熟練踏板與排檔桿的複雜操作，在平坦的路面與順風下，福特T型車的時速可達四十，甚至四十五英里。到洛杉磯的路程是一千七百英里左右——大約相當於以時速四十英里開上四十二小時左右。但是實際上，福特T型車很少能以其最高速行駛。在美國西部崎嶇不平又未經鋪設的道路上，車子能開到一半的速度就該偷笑了，再加上一路碰見的各種障礙、死路和轉錯的彎，速度還會被拖得更慢。車子途中拋錨是如影隨形的一個麻煩。引擎過熱是另一個問題。還有路上的深溝可能會導致福特T型車的木製輪框裂開。馬匹——最主要的道路使用者——在行進途中散落的馬蹄鐵釘，也對福特T型車單薄的橡膠輪胎構成威脅。

但是這三個男孩並不急。他們自稱「迷糊三人組」（the Unconscious Three），由於他們實在太喜歡這個綽號，乾脆把這幾個字漆在隆格這輛車的側面。感受著堅硬的鋼鐵懸吊系統帶來的每一次顛簸與碰撞，隨著座椅下彈簧的震動左搖右擺，他們慢條斯理地開上路，前往探索這廣大的世界。

在一九二二年，目前已知有兩條駕車橫跨堪薩斯州的路線。不幸的是我直到查理去世後才知道這件事。若是早知道的話，我就可以二次驗證他們依循的是哪條路線了。他談到他們參考導覽手冊，因此我自然認爲他們選擇的是老路協會的路線。美國第一本橫跨大陸汽車旅行書籍的作者威斯特哥德（A.L. Westgard）在書中談及這條路線，「無論是從地面條件、風景、歷史趣味或是旅館住宿來看都是首選。」

這條路線應該對查理與史諾特別有吸引力。因爲它將會帶領他們來到堪薩斯州的恩波里亞（Emporia），有志成爲記者的史諾可以在這裡買一份名聞遐邇的當地報紙《恩波里亞公報》（*Emporia Gazette*）。該報編輯威廉・艾倫・懷特（William Allen White）在當時是堪薩斯最赫赫有名的人，甚至可能是整個中西部最有名的人。長達半個世紀，懷特的社論被一再複印，在東岸與西岸間四處傳誦，一些大人物如美國前總統老羅斯福（Theodore Roosevelt）與電影明星道格拉斯．范朋克（Douglas Fairbanks）都曾是他那棟名為「紅岩」（Red Rocks）的恩波里亞豪宅的座上賓。

當這三個男孩穿過堪薩斯時，懷特本人也正是熱門的新聞話題人物，因為他大力聲討新近崛起的三K黨（Ku Klux Klan），該黨當時正在美國心臟地帶大肆傳播其民粹思想毒素。在歐戰的餘波與一九二〇年的大衰退之際，異軍突起的三K黨宣誓要捍衛「百分之百的美國主義」，反對移民與非白人公民。懷特利用他的報紙版面譴責三K黨卑劣的號召，由於地方報紙的發聲效果有限，這位編輯乾脆在一九二四年以反對三K黨的立場參選堪薩斯州長。他最終以失敗收場，讓堪薩斯人顏面無光，而這可能反過來有助仇恨的熱潮降溫。但是在一九二二年的時候，社會的分歧是普遍且劇烈的。

至於查理，他的興趣在於舊日的西部傳說，沿途更遠處的另外一站可能更合他的胃口。堪薩斯州的道奇市（Dodge City）是十九世紀最後一個因牛群集市而發跡的城市，同時也是最具傳奇性的，知名槍手懷特·厄普（Wyatt Earp）與「蝙蝠」馬斯特森（Bat Masterson）經常在當地的朗布蘭奇酒館（Long Branch Saloon）消磨時間，同時極力避免落得長眠在布特山公墓（Boot Hill Cemetery）的下場。內戰結束後儘管短暫卻精彩非凡的幾十年之間，德州的牧場主人會將牛群趕上齊森姆小徑（Chisholm Trail），連接橫跨堪薩斯州的新鐵路，以便將肉品運送到城市的市場。但是與此同時，農民們也在這些年挾著宅地政策（homestead）開始湧入堪薩斯的草原，將牧場主人趕到愈來愈遠的西邊。德州牛肉原本的目的地阿比林（Abilene）因此讓位給艾爾斯沃茲（Ellsworth），在其血腥而短暫的全盛時期，這座天高日遠的城鎮被稱作「最邪惡的小鎮」。之後牛仔再度被迫西遷，來到人稱「西部索多瑪」（Sodom of the West，索多瑪爲《聖經》所描述的罪惡之城）的道奇市。

一八八三年的選舉，道奇市的市民選出了一批改革派來掃蕩該市惡名昭彰的飲酒、鬥毆與賣淫等惡行——就從朗布蘭奇酒館開始。當局突擊這家酒吧兼妓院，勒令停業。改革人士並且命令朗布蘭奇的老闆路克．肖特（Luke Short）滾出道奇市，但肖特只是溜到堪薩斯城避風頭，並找來一群槍手朋友助陣。等到肖特帶著馬斯特森、厄普以及其他幾個傢伙返回道奇市時，由於大批心懷不滿的牛仔成了重擔，當地經濟已是凋零破敗。自命清高的改革派正在檢討他們過於草率的道德重整運動。經過簡短的談判後，肖特一槍都沒開就讓朗布蘭奇酒館重新開張。他和他的槍手朋友們為紀念這場勝利，特別拍了一張日後聲名遠播的照片，照片的標題諷刺意味十足：道奇市和平委員會。

這些故事讓人想到那些陳腔濫調的好萊塢西部片，匡噹作響的馬刺、酒吧裡的鋼琴聲。但是對坐在福特T型車的三個男孩來說，那才不過是四十年前的事情。事實上，如果他們駕車通過當年那批槍手策馬奔馳的塵土飛揚的道路，在這個當下，「蝙蝠」馬斯特森與懷特．厄普都還健在。馬斯特森在一九二二年是紐約市一家報紙的運動專欄作家，他的名言是「我們都能拿到同等數量的冰塊，只不過富人是在夏天拿到，窮人則是在冬天。」儘管沒留下什麼令人記憶深刻的名句，但是生活同樣多采多姿的厄普當年則是西部默片的拍攝現場顧問，在他傳奇名聲的塑造中參了一腳。

在道奇市以西，這三個男孩會沿著過去與未來之間的分界線緩緩前行，穿過幾十年前還有無數野牛群在此漫步的土地。他們會途經一些小鎮，鎮上老人都還記得科曼奇族人（Comanche）發動突襲與騎兵隊進行報復的往事。在這裡，土地一望無際，天空更是浩瀚無邊，在地平線與地平線之間延伸。艾奇遜、托皮卡暨聖塔菲鐵路公司（Atchison, Topeka & Santa Fe Railway）的一列列火車氣喘吁吁地自他們身後東邊的地平線緩緩出現，起先只是一個小黑點，但是很快就吐著煤渣與濃煙形成的雲霧超過他們。太陽也循著相同的路徑，無情燒烤著坐在黑色皮革車椅上的男孩。

在查理死後所遺留的文件中，有一份鮑伯·隆格在這趟旅程近六十年後接受艾德加·史諾傳記作者採訪的副本。根據隆格的回憶，迷糊三人組選擇的是更偏向北邊，靠近後來的七十號州際公路的路線。隆格表示，他們走的是較不爲人所知的米德蘭小徑（Midland Trail），是由一八五九年科羅拉多淘金熱的淘金客所開闢的，可一路抵達派克峰（Pikes Peak）下的科羅拉多泉（Colorado Springs）。並且，隆格指出，他們並沒有越過險峻的中央洛磯山脈，而是向南加入在科羅拉多州拉洪塔（La Junta）附近的老路協會路線，距離發生歷史慘劇的沙溪（Sand Creek）不遠。一八六四年，夏安族（Cheyenne）與阿拉帕霍族（Arapahoe）的婦孺在沙溪紮營安寨，卻慘遭開墾移民屠殺，那些移民與三位男孩的祖父母屬於同個世代。

這三位冒險家會在路邊的小雜貨店停下來，購買食物與燃料。「那時候根本沒有加油站，」查理告訴我。「買汽油要去雜貨店買。那時也沒有休息站。就我的記憶，我們都找不到地方睡覺。我們就睡在地上。當然，如果下雨的話我們就睡在車底下。」

在日落之後，他們駕車時只能依靠由一具小磁電機發電的車頭燈，會隨著車速明暗不定。「如果你要在晚上開車，你的車速至少要達到一小時二十五英里才會有足夠的電力，」查理解釋。「你開得愈快，車燈就愈亮。但是路況實在太差了，幾乎會把你彈出車外。」

現在，他們的路徑穿過了科羅拉多州南部的煤田，此處曾發生著名的工人暴動與血腥鎮壓事件。八年前，科羅拉多州長派遣國民兵驅散由罷工礦工組成的帳篷城「拉德洛營」（Ludlow）。科羅拉多燃料暨鐵礦公司（Colorado Fuel & Iron Company）的員工們——大部分都是移民與非裔美人——挺身對抗資方，而該公司老闆的名字也就是財富與權勢的代名詞：約翰・洛克斐勒二世（John D. Rockefeller Jr.）。國民兵騎著馬、開著配備了機關槍的裝甲車而來，占據了俯瞰營地的山脊位置，然後對營地開火。至少七名礦工死亡。有十幾名婦女與孩子躲在一個地下掩體內，在國民兵放火燒毀上方地面的帳篷時窒息而死。這場後來被稱爲「拉德洛大屠殺」的悲劇引燃了報復之火，整個礦場四處都有警衛、工頭與經理遭到報復性殺害，情勢一發不可收拾，迫使當時的總統伍德羅·威爾遜（Woodrow Wilson）派遣美國正規軍前來恢復秩序。

查理記得的，只有他們經過聖塔菲小徑的早期交易站拉洪塔時景色是如何逐漸變化。在穿過數百英里的灰褐色平原之後，他們進入滿布綠色灌木叢的高地。在西邊遠處，岩石嶙峋的桑格雷克里斯托山脈（Sangre de Cristo Mountains）在地平線上延伸，彷彿覆著白雪的紫色波浪。如果這些男孩往山上去，他們將會看到整個洛磯山脈中最雄偉與壯觀的幾座高峰。不過他們並沒有這麼做，而是將他們嘎嘎作響的小車轉向南，讓群山待在右手邊，慢條斯理駛向較爲簡單的穿越路徑。

在邁入旅程一週後，男孩們的車子爆胎了。他們車上沒有千斤頂，於是三人中最強壯的那一位，艾德加．史諾，使勁抬起車子一角，讓另外兩人鑽到車下換輪胎。由於擔心又再次爆胎，他們小心翼翼地將車子開進下一座小鎮，在雜貨店買了四個輪胎備用。

他們不可能永遠與山脈平行前進。當他們靠近新墨西哥州邊境附近，道路開始攀升至拉頓山口（Raton Pass），也迎來了他們與山脈的交會點。隨著斜坡益趨陡峭，這輛老四缸陷入了苦苦掙扎。「我記得山勢太陡了，車子根本爬不上去。我們只好一個人開車，另外兩人到後面推車，」查理說道。三人輪流把持方向盤，「我們真的就是推著車子通過拉頓山口的，所幸車子很輕，我們也都相當強壯。」

從山口南面飛快駛下坡的時候，他們身上的汗水很快就在涼爽的高山空氣中散去。「如果遊客有幸在下山時看到日落，必定會對眼前壯闊的景色永生難忘。」威斯特哥德如此寫道——不過他也補上一筆警告，駕駛人馬上就得面對

「道路上的各種自然阻礙，包括黏土、熔岩與連續的沙地，」而這會是「艱鉅的任務，遠勝過在其他州會遇到的大部分挑戰。」

他們來到新墨西哥州一個名叫拉斯維加斯（Las Vegas）的小村落——雖說只是一個村落，其面積也比內華達州那個地圖上幾不可見的同名城鎮大了將近一倍——在這裡，他們的路線再度轉向西邊，穿越西南部那片沒有人煙的灌木叢與沙漠。這裡是美國大陸最新、最原始的化外之地。在一九一二年——不過十年之前——新墨西哥與亞利桑那在兩個月內爲美國的星條旗增加了兩顆星，成爲第四十七與第四十八州。這兩州的面積總和是密蘇里州的三倍半，但是人口只有密蘇里州的五分之一。堪薩斯州儘管人口稀少，人口密度也是這兩處荒野之地的七倍。在這兩州，西班牙語和納瓦荷語（Navajo）的使用就跟英語一樣普遍。

鄉村裡此起彼落的平頂山丘與尖峰令這三位旅人驚奇不已，西班牙布道所的土磚廣場與納瓦荷族牧羊人的圓頂小屋更是讓他們大開眼界。這些男孩在描繪野蠻印第安人的民族沙文主義故事中長大，而此刻置身於活生生的美洲原住民之間，緩緩駛過祖尼族（Zuni）、納瓦荷族與霍皮族（Hopi）人的土地。他們發現這些原住民都很好客。「結果我們當天晚上就在印第安人的帳篷過夜，他們還請我們吃蛇肉之類的食物。」查理告訴我。我起初懷疑他為故事加油添醋，直到我後來得知祖尼族在春季末的傳統美食之一是炸蝗蟲配玉米麵包。

向西越過山脈後，道路是愈來愈崎嶇難行──「甚至不是礫石路，就只有泥土和沙子，」查理回憶。福特T型車不只一次陷在泥沙裡動彈不得，所幸車子夠輕，他們三人得以連拖帶推，讓車子脫困。可是較大型車輛的駕駛就沒有這麼幸運了，迷糊三人組沿途看到許多重型車的遺骸深深陷在軟泥地之中。「我們看到一輛又一輛的車子──開那樣的大車，他們一旦卡住就再也出不來了。」

在烈日當頭的亞利桑那的一處荒涼地帶，他們的車子拋錨了。查理在九十年後還記得，有一個輪胎的軸承「燒掉了」。三人被困在荒郊野外的記憶就像昨天發生的事一樣鮮明。「我們在鳥不生蛋的地方，路上幾乎完全沒有車子。」查理說道。「我們只能枯坐在那裡，不知道該怎麼辦才好，我們就這樣坐了大概一個小時。」

也許是三小時。

又或許是五小時。

不知過了多久，「來了一位農夫，他開著一輛輕型的T型車，一輛小皮卡。」查理回憶。T型車的一大特點——也是它無比成功的原因之一——是其底盤可以輕鬆適應多種用途。只要取下帶有彈簧的後座，裝上一具厚實的木箱，有錢人家鮑伯．隆格的旅行車就搖身變爲這位亞利桑那農人開的小卡車。此外，T型車的機械構造足夠簡單，任何一位略有自信的修車好手都能夠理解。

然而在一個世紀之後，汽車變得一百萬倍的複雜，一個人必須具備專業的技術與設備才能修理汽車，否則除了更換機油與補充雨刷液之外，他什麼也做不了。不過我認爲對生活中的科技擁有基本知識在今天仍是很重要的，就像查理與他的朋友對他們這輛拋錨汽車有一定的了解。我們應該鼓勵學生學習架設一個簡單的網站，就像他們可能也會去學如何修理漏水的水龍頭、如何在花圃裡種下植物。才幹帶來自信，它是一種解藥，可以消除人們對變革的敵對意識，與其橫掃世界時帶來的的無力感。

「怎麼回事，孩子們？」農人問道，一面放慢卡車的速度。

「我們一個輪子壞了，上面的軸承燒掉了。」查理記得他們是這麼回答的。

農人的回答令他們驚喜，也如釋重負：「我上個月也發生這樣的事。」他將車子停在路邊，從後方的木製車斗中翻出一些零件，說道：「我正好還有多的。」

「他將多的軸承送給我們，我們裝上之後又上路了，」查理回憶。「誰說上帝不是與我們同在？」

不過，更危險的可能是殘酷無情的沙漠，車子有一天發生過熱的情況，刮傷了一具引擎汽缸。直到散熱器的水燒乾了，三人才發現車上已經沒有水了。

此處距離最近的小鎮還有幾英里，他們必須設法讓車子再度發動，否則就會面臨中暑的風險，甚至就此喪命。他們先讓引擎冷卻，然後將僅剩的一瓶汽水倒入散熱器。看到散熱器冒出泡沫並沒有替他們增加多少信心，不過這個法子至少讓他們成功把車子開到下一家雜貨鋪。

他們繼續前行，而在莫哈維沙漠（Mojave Desert）露宿的一晚，男孩們醒來時，發現有一名原住民靜靜地坐在他們車子旁邊，在清晨的寒意中披著一條毛毯。他爲了與他們打聲招呼而耐心地等待著。男孩們請他共用早餐，稱讚他的英語說得很流利。他表示他擁有哈佛的學位，這個回答更是令男孩們意想不到。

在經過兩週、平均時速大概十英里的路程之後，迷糊三人組終於駕著風塵僕僕的福特T型車自聖蓋博山脈（San Gabriel Mountains）的西坡駛下，開進了洛杉磯市。在查理的記憶中，與二十世紀繁華的城市相比，當時的洛杉磯「只是一座小鎮，整個城鎮就是在橙子樹之間有一些房子。到處都是柳橙，都是橙子林。」

這三人組駕著一具不比割草機複雜到哪裡去的機械玩意，橫越了半個美國大陸，有生以來首次凝視大海。他們沒有尋求任何人的許可，也不需要任何幫助，除了他們自身的勇氣與幾位陌生人的善心之外。不過現在，所有旅人都無比熟悉的一股洩氣感油然而生，他們自知來到這裡已耗盡他們的心思與能量。一旦停下腳步，他們就不得不面對該如何返家的問題。

他們三個人加起來在全加州只認識一個人——而且只是勉強算認識。查爾斯．「巴迪」．羅傑斯（Charles "Buddy" Rogers）比查理．懷特大一歲，出生於堪薩斯州的奧拉西（Olathe），距離堪薩斯城是騎馬或馬車一天往返的路程。在他們的孩童時期，一條路面電車路線將堪薩斯城與周邊的社區連結起來，爲奧拉西的農村小孩打開了機會的大門。巴迪・羅傑斯就是這樣抓住了來到堪薩斯城音樂界的機會，在當地舞台磨練成爲演藝人員的技能，而查理等西港的孩子多半是在音樂會或舞會上與他打過照面。當羅傑斯離開學校，隨他母親來到好萊塢電影業闖天下，他們也都饒有興味地關注著他的新聞。

他確實闖出一片天。離開奧拉西後的短短五年內，巴迪・羅傑斯就成爲一位大明星，以「美國男友」的稱號聞名。他在一九二七年創下好萊塢的歷史，在電影《鐵翼雄風》（*Wings*）中擔任男主角，與克拉拉・鮑（Clara Bow）演對手戲——這是奧斯卡最佳影片的首部獲獎電影。之後，他與女星瑪麗・碧克馥（Mary Pickford）傳出風流韻事，成爲她與俠義風範著稱的巨星道格拉斯・范朋克於一九三六年轟動離婚的助力之一。羅傑斯隨後與碧克馥結婚，成爲演藝圈婚姻最持久之列的銀色夫妻，直到碧克馥於一九七九年去世爲止。一九八二年，巴迪・羅傑斯再次登上奧斯卡獎舞台，獲頒人道主義獎——保羅・紐曼（Paul Newman）、法蘭克・辛納屈（Frank Sinatra）、奧黛麗・赫本（Audrey

Hepburn）與安潔莉娜・裘莉（Angelina Jolie）也都是該獎得主。

不過這都是後話。當時的巴迪・羅傑斯還只是一個懷著明星夢的青少年，而三名與他只有點頭之交的堪薩斯城男孩就站在他家門口。他們三人不知怎麼就找到他「在洛杉磯的一棟小屋」。查理回憶，羅傑斯就是住在這裡，學著如何踏入電影這一行。查理解釋他們來到洛杉磯的緣由後，羅傑斯邀請三人進屋吃早餐。他們在那裡一直待到晚上，湊合著過夜，但是第二天早上「我們決定不要依賴巴迪，」查理回憶。羅傑斯與他的母親無疑也樂見這樣的決定。

查理指出，有一、兩天的時間，他們靠著參加房地產說明會吃免錢食物，假裝是爲父母進行考察之旅，來加州找尋投資機會。另外，麵包店也可以拿到免費的試吃樣品——直到麵包師傅抓到他們三人老是重複出現爲止。這些伎倆都不是長久之計，回家的壓力愈來愈迫在眉睫。

對於隆格來說，回程只不過是挨父母一頓責罵就能解決的事情。他拿那輛殘破不堪的福特賣了幾塊錢，住進旅館，發電報給爸媽求助。他的母親怒不可遏，風風火火地搭上火車來洛杉磯將他接回家。

查理與史諾就得靠自己了。他們在農場割小麥賺的錢已經見底。他們有錢朋友的車子沒了。巴迪·羅傑斯的大門不再爲他們而開。好心的房地產經紀人那邊的資源也用光了。「我們心想，好吧，我們就直接跳火車吧。」查理解釋道。

這完美的計畫只有一個小問題：「我們從來沒有跳過火車。」

他們來到洛杉磯的鐵路機廠，悄悄爬過鐵軌尋找向東行駛的火車。以他們對鐵路的認知，他們知道應該在火車行進的時候跳上去才比較不會被人發現，但是也不能行進得太快，因爲速度愈快，要爬上這個金屬龐然大物就愈危險。理想的狀況是在火車剛啟動的時候跳上去。

他們發現一列符合目標的火車，於是先蜷伏在一旁。等到火車開始啟動，輪子發出尖銳的聲音，他們從藏身處衝出來，沿著軌道狂奔、擺身跳上其中一截車廂。他們既雀躍又得意，開始享受旅程——只不過他們發現搭錯方向了。「我們跳上一列我們以爲是向東行的貨運火車，結果卻是往北走。」查理在事過多年後咯咯笑著說。

在軌道上跑了一整天後，火車在「接近舊金山的地方」停下來。這對查理與史諾是好壞打平的一天。這對哥們學會了如何跳上火車——好消息——但是他們現在也沒有離家更近，而且仍是窮得叮噹響。

他們從鐵路機廠出來，想找點東西果腹，兩人卻發現自己正置身於美國鐵路史上最嚴重的罷工行動。美國聯邦政府在戰爭期間將鐵路事業收歸國有，現在則要恢復民營。民間業者決心削減成本，一項對勞工減薪百分之十二的提案引發了全國大罷工。

兩個男孩從鐵路機廠周遭的標語得知了這些內情。爲了在罷工期間維持火車的營運，鐵路公司為替代勞工——也就是所謂的工賊——設立了營地。有個徵人看板在徵求其中一個營地的服務生與雜工。「看板上說他們需要人手來幫忙打理墨西哥工人用餐，那些工人正在處理車廂的冷凍事宜，以便將農產品送至東部。」查理回憶。在看板的指示下，這兩個身無分文的旅人來到奧克蘭某地一處戒備森嚴的柵門前。西太平洋鐵路公司的武裝警衛上下打量著兩個男孩，然後揮手讓他們進去。他們於是進入營地向招聘主管毛遂自薦。

在接下來的十天，查理與史諾在一輛經過改裝的載客車廂內為替代工送飯。他們的待遇是一天三美元，附帶食宿。他們的口袋每天都變得沉重一些，待兩人各自攢到了三十美元的時候，他們估計這筆錢已足夠安全返家了。

現在他們歸心似箭，甘願冒險跳上一輛載客列車。兩人回到鐵路機廠，找到一列車頭冒著蒸汽的火車。他們等候顯示車門即將關閉的哨聲響起，然後衝到下一節車廂、抓住通往車頂的梯子。隨著火車啟動，他們也爬上車頂。他們盡可能壓扁身子，以免被地上的工作人員發現。他們身下的這列龐然巨獸搖晃顛簸著，開始緩緩加速。

火車自舊金山灣區（Bay Area）向東駛去，遠離正在西沉的夕陽，然後往北通過沙加緬度（Sacramento）與奧羅維爾（Oroville），接著又再次向東行。隨著火車穿過羽毛河峽谷（Feather River Canyon），爬上內華達山脈（Sierra Nevada），夜色也籠罩了這兩位偷渡客。山上夜幕低垂，兩人都沒有料到氣溫下降竟會如此之快。他們全身打顫，縮在一起取暖。「史諾和我把自己繫在車頂上，那天晚上通過峽谷時我們幾乎要被凍死。」查理想來仍有一些懊惱。

不過寒冷沒有持續太久。隨著日頭升起，兩位可憐兮兮的男孩從山區回到平地，火車駛入內華達北部的黑石沙漠（Black Rock Desert），這裡在七月的平均溫度超過華氏九十度。行進在濃密松樹牆與光禿禿的岩石峭壁間一整晚之後，沙漠的開闊無邊讓人感覺既奇異又震驚。黑石是一塊碩大無比的石桌，覆滿淡褐色的白堊塵土，看上去就像一座舞台，供巨人演員為遠方霧氣深鎖的山峰上的觀眾表演一齣戲劇。我從未告訴查理這片空曠地帶後來變成什麼樣子，在我認識他的時候，這片沙漠已經是以一年一度的「火人祭」（Burning Man）著稱，一場結合了藝術與神祕主義、毒品與性愛、未來主義與返祖主義的酒神狂歡，每年夏天都吸引六萬五千人前來。我不知道他會不會相信我說的。

不過在他們的火車停下來的當時，這裡只有一座孤伶伶的水塔爲飢渴的火車鍋爐供水，此外別無他物。兩名男孩緊張地看著煞車員跳下地來，在塵土飛揚中開始檢查每一節車廂。他來到他們所在的車廂時，發現了坐在車頂上的男孩，命令他們下來。他們抗議著不該留他們在沙漠裡，但是煞車員毫不理會。火車的水箱差不多裝滿了，哨音響起，煞車員走回列車尾端的駕駛室。

環顧四周被太陽烤得滾燙的大地，兩名偷渡客知道他們沒有退路。「我們不可能在沙漠裡逗留。」查理推斷。經過一番悄聲的商議之後，查理與史諾慢慢地走開，故作要去往前面某個村落。當他們設法走到火車將他們與煞車員隔開的地方後，他們「像印第安人一樣」俐落地爬上火車頭，透過鐵軌與車廂間的空隙觀察煞車員的動向。

在他們上頭，鍋爐現在裝得滿滿的，火箱內的烈焰正在製造一股新鮮的蒸汽。火車頭前面有一塊突起的金屬頭，像是下巴上的鬍鬚，稱作排障器（cowcatcher，直譯爲捕牛器）。此一名稱就說明了它的用途：如果火車在人跡罕至的草原遇到一群正穿越鐵軌的動物，這個裝置就能在緩慢前進下驅散這些動物。它的楔形也能排除倒下的樹木、不太大的岩石，甚至推開鐵軌上的積雪。不過在這兩名男孩眼中更棒的功能是，駕駛室裡的人根本看不到火車頭下方的排障器。

他們又快快看了一眼車底，發現看不到煞車員的雙腳，顯示他已回到車廂。查理與史諾向前爬到排障器上。「我們就這樣子走了大概有一百五十英里。」查理說道。

這場貓捉老鼠一直持續了半個美國。「我們被踢下車，又爬上車。然後我們又會換另一列火車，」查理說道。整場罷工使得情勢更加艱難，因爲鐵路公司增聘了許多警衛以免設施遭到破壞。查理與史諾已知道列車外頭的每一個落腳點與藏身處。乘客車廂外面的階梯是舒適的寶座——但是也是火車靠站時警衛最先檢查的地方。爬到排障器上面非常刺激，可以感受到火車頭向前推動的巨大力量，但坐在這裡三、四個小時就很受罪了——而且也極度危險。「我們最常躲的地方是在煤車後面，」查理告訴我，「煤車與快遞車廂之間的空間。他們不怎麼注意這個地方，這就是我們的藏身所在。」

然而這個窩也有其缺點。火車每次進入隧道——在爬升洛磯山脈的途中有幾十座隧道——「這種燒煤的火車會噴出高溫的灰燼。」灰燼從煙囪噴出到隧道頂部，然後掉回車身上。「我還記得那些滾燙的灰燼直接灑到我們身上。」查理告訴我。

有一、兩次，警衛發現了他們。「我們都叫他們『火車渾蛋』。」查理說道。警衛將他與史諾拉出車站抓進監獄。「把我們扣在裡面一整夜，給我們吃一頓不錯的早餐，然後趕我們出去。」

一路上，查理與史諾好幾次在無意間闖入鐵軌邊上的遊民營。他們不喜歡那些人上下打量他們的樣子。「我有一支腕錶，」查理回憶。「我們第一次停在遊民營時，有一個傢伙對我說：『小鬼，你最好把那個收起來，可能會有人爲了搶走它把你殺了。』」

「自此之後，我就把那支錶戴在腳踝。」

在我到對街探望他的時間裡，查理從頭到尾講述這整趟加州史詩之旅好幾遍。在聽過兩三次之後，我發現他從來沒有提到害怕兩個字。我不禁開始想像在火車機廠的種種危險；火車移動的大噸位力量與足以斷人手腳的輪子。我想像沙漠中足以致命的高溫；緊抓著排障器而抽筋的手指。我心中也出現某名男子爲了一支腕錶割斷小男孩喉嚨的畫面。難道查理不怕嗎？

我相信查理當然是害怕的。但是除此之外，他又能如何回家呢？喬治・

馬丁（George R. R. Martin）的史詩鉅作《冰與火之歌：權力遊戲》（*Game of Thrones*）中有一段精彩的對話，布蘭問他的父親，「一個會害怕的人也能稱作勇者嗎？」他的父親回答：「那是一個人展現勇氣的唯一時刻。」查理明白講述勇敢的故事可以讓勇敢變得更容易。我們的故事可以說成歡快的大調，也可以說成悲傷的小調。我們可以選擇沉浸在失敗或者決心。我們可以選擇著墨於每個挫折或是每一次的成功。查理堅守著他生活的歡樂版本，我相信這會使他成爲更快樂的人。

故事往往以分道揚鑣作爲結尾。這兩名男孩跳上密蘇里太平洋火車公司的平板車，乘上一條終於可以帶他們回家的路線。他們是這列火車的唯一乘客。「我記得我們穿過科羅拉多的洛磯山脈，」查理說道。「我也記得我和史諾就躺在那裡通過皇家峽谷（Royal Gorge）。」

阿肯色河耗費無數時光刻劃出綿延十英里的峽谷，觸目所及都是令人屏息的懸崖峭壁與深淵，峽谷將天空收窄成一條蔚藍色的緞帶，以成排的岩石包裹著河流。男孩們心知肚明，過了眼前這幅景色之後，他們的旅程將在灌木叢與草原間邁向平淡的結局，來到一個永遠不會再相同的地方：家。在這輝煌的時刻，他們就像是壯麗王國中的一對兄弟騎士。「好啦，就是現在！還有什麼比這更奢侈的？」兩人不知誰對誰這麼說道。「我們有輛專屬於我們的車子。」他們仰躺著看上方狹窄的天空，火車沿著河岸徐緩蜿蜒。棉花球似的雲朵從峽谷的一邊飄到另一邊。在近一個世紀之後，查理仍然能在心中清晰地看到這一切。「我還記得我說：『老天，這才叫生活。』」

Chapter

06

我認識查理當年正是蘋果推出首款iPhone手機的那一年。我當時並不了解這有什麼好大驚小怪。也許是因爲我老早開始就靠寫作維生，一直都是使用打字機，所以我一直視電腦爲一款比較花俏的打字機，iPhone上迷你的觸控式鍵盤只讓我覺得實在很難打字。

我承認，這是一個完全沒抓到重點的經典案例。如果人類發現如何利用火的時候我就在現場，我可能還會抱怨他們爲什麼要把好好的木頭給燒了。查理就不會犯這種錯誤。他了解通過改變來實現的榮景始於對新事物的渴求。

當查理與他的好友艾德加·史諾正搭乘密蘇里太平洋鐵路公司的平板車穿過皇家峽谷、進入高地大草原，也有一項非常新奇的事物正在家鄉等候著他們。就像智慧型手機一樣，一九二二年的某項革命性科技也是一種能夠消除距離、激發創意、顚覆文化與創造出名人的裝置。它就是後來我們所說的「無線電」，不過在早期，此一帶來無線通訊的奇蹟實在太過新穎，世人還不知道該如何稱呼它。在幾個月之前，也就是一九二二年的二月十六日，《堪薩斯城星辰報》在頭版介紹了一種實驗性的廣播科技。該篇報導先是將其稱爲「無線電電話」（radio telephone），接著在另一個句子中又稱作「無線電話演奏會」（wireless telephone concert）。商業無線電的先驅們雖然不知道該怎麼稱呼它，但都已意識到這是一個重量級的新玩意。

當然，沒有一項科技是憑空而來。十九世紀的物理學家是在艾薩克・牛頓（Isaac Newton）幾個世紀以前奠定的基礎上繼續進行研究。牛頓認爲宇宙充滿以波的形式運行的能量。同時，人們透過各種不同的方式體驗著這些能量，端視一個波峰到另一個波峰間的距離——也就是「波長」。光是一種以微小的波運行的能量，波峰與波峰間的距離是以十億分之一米來計算，大約在三千九百億分之一米到七千億分之一米之間是所有可見的顏色和我們所看到的所有事物：每一道彩虹、每一幅林布蘭的畫作、每一次的日落與每個情人的臉龐。即使是更短的電波，所謂的「X光（X-rays）」，也被發現具有讓人們的骨骼與器官得以被看見的能量——雖然瑪麗・居禮（Marie Curie）等科學家後來以自身的悲劇性後果發現這類高頻率的能量足以致命。

植基於科學界前輩的研究成果，吉列爾莫．馬可尼（Guglielmo Marconi）發現了如何利用波峰與波峰間距離長達數百米的長波在空氣中傳送訊息。一八九五年，這位發明家成功地以無線通訊的方式發送與接收摩斯電碼。航海業很快就了解到此一新發明的實用價值。在無線通訊下，海上船舶有史以來終於第一次能夠與視線之外的遠處聯繫。查理小時候聽過有關霍利．克里本醫師（Dr. Hawley Crippen）聳人聽聞的故事。一九一〇年，這名英國醫師將妻子毒死，然後偕同情婦搭船前往加拿大。蘇格蘭警場（Scotland Yard）於是利用無線通訊將克里本的逮捕令發給該艘船上的馬可尼無線電操作員，待船隻進港後，這名惡棍就遭到逮捕。

還有一樁更爲戲劇性的事件：一九一二年查理只有六歲，豪華郵輪鐵達尼號（Titanic）在北大西洋觸礁，船上的馬可尼操作員發出求救訊號，拯救了七百多條人命。直到無線設備在郵輪的沉沒中失靈之前，這些年輕的作業員都還在不斷發送ＳＯＳ的緊急求救訊號。

在那時候，其他的發明家已經超越馬可尼，開始藉由長波的能量來傳遞話語和音樂。他們的研究有成，促使美國政府自一九二〇年開始針對商業用無線電廣播電台頒發許可證。與此同時，聯邦標準局（Bureau of Standards）也針對居家自製的電晶體收音機公布相關指示與規定。一九二二年時，全美僅有寥寥幾家合格業者，然而僅僅十二個月之後，廣播電台許可執照的發放數量就達到近六百張。

《堪薩斯城星辰報》旗下的ＷＤＡＦ屬於最早拿到許可執照的廣播電台之列。各家報社是廣播事業的重要先驅，這主要是因爲他們擔心無線電會取代他們的印刷品。ＷＤＡＦ在二月發布的「無線電話演奏會」大獲成功，以至於這家堪薩斯城廣播電台開始定期播放，那差不多正是查理與他的朋友啟程前往加州的時候。查理回家後就著手打造了他的第一部電晶體收音機。

隨著無線電波開放，廣播業者紛紛湧入。然而無線電的新奇或許能抓住聽眾的注意力，卻無法維持長久。ＷＤＡＦ當初之所以成功，是因爲每天報導堪薩斯城商品交易所的商品行情變動——玉米、小麥、豬肉等等。方圓一千英里內的所有農人都需要這些重要資訊。在其他角落，底特律的廣播電台則是實況轉播了一場重量級拳賽，運動轉播於焉誕生。名叫保羅・瑞德（Paul Rader）的傳教士在芝加哥電台進行了首次無線廣播的布道會，還有銅管樂隊助陣。但是，無線廣播事業的發展總覺得還少了什麼東西，而待查理歸來後不久，無線電就與爵士樂擦出了火花。

那是一九二二年九月二十二日週五的晚上，查理的十七歲生日剛過幾個星期。堪薩斯城商品交易所週末休市，於是ＷＤＡＦ將其可攜式的廣播設備搬到城裡的紐曼戲院，就是華特・迪士尼幾個月前放映他首部短片的同一個地方。不播放電影的時候，紐曼戲院的舞台會上演各式歌舞雜耍。在那天晚上，表演的是當地的一支樂隊「庫恩—桑德斯新奇樂團」（Coon-Sanders Novelty Orchestra），是由鼓手卡爾頓・庫恩（Carleton Coon）與鋼琴手喬・桑德斯

（Joe Sanders）這對歌聲柔美的二重唱領軍的九人組合。

城裡還有些更棒的音樂家——最著名的是本尼・莫頓（Bennie Moten）與他的堪薩斯城樂團（Kansas City Orchestra），多位爵士巨匠如比爾・「伯爵」・貝西（Bill "Count" Basie）、吉米・魯辛（Jimmy Rushing）、班・韋伯斯特（Ben Webster）與華特・佩吉（Walter Page）都是自此樂團發跡。他們又啟發了堪薩斯城年輕一代的音樂家，包括瑪麗・盧・威廉斯（Mary Lou Williams）、萊斯特・揚（Lester Young），以及最爲閃亮的一顆明星——才華洋溢但命運多舛的查理・「大鳥」・帕克（Charlie "Bird" Parker）。不過庫恩——桑德斯新奇樂團是個爲白人聽眾演奏的白人音樂家組合，因此在這三K黨全盛時期，選擇他們的演出來廣播相對安全。這個樂隊的招牌風格是一種適合跳舞的輕快爵士樂，結合了充滿活力的低音號、庫恩手下輕重有致的鼓點和急弦催促的斑鳩琴音。

聽眾愛死他們了。在紐曼戲院的演出大獲成功使WDAF簽下庫恩——

桑德斯新奇樂團為每天晚上的表演嘉賓，現場直播他們在典雅的穆爾巴赫大飯店（Hotel Muehlebach）的午夜秀。節目主持人李奧・菲茨派屈克（Leo Fitzpatrick）最初還質疑除了「少少一群夜鷹」之外，還有誰會收聽午夜秀。然而事實證明這些夜鷹是一個龐大的族群。

乘著清晰透徹的電波，WDAF的訊號最遠可傳至加拿大，樂團表演在哪裡播放、就在哪裡贏得樂迷的心。有著溫柔低吟歌聲的兩名領唱決定將他們的樂隊改名為「庫恩—桑德斯夜鷹樂團」（Coon-Sanders Nighthawk Orchestra）。隨著愈來愈多的聽眾在他們的電晶體無線電收音機上收聽夜鷹，一波爵士午夜秀熱潮席捲全國，庫恩—桑德斯也被譽為「讓無線電出名的樂團」。商店裡很快就擺滿高科技的電晶體收音機，這些是對自製接收器進行精心改良後的產品，具有拋光的木質外殼與前衛的功能，例如「燈絲變阻器」與「刻度旋鈕」。孩子們苦苦哀求父母准許他們晚點睡，才能收聽樂團的表演。整個國家似乎都會哼唱一支節奏輕快的小曲——也是廣播史上最早的主題曲之一——由桑德斯寫下的〈夜鷹藍調〉（The Nighthawk Blues）。

當庫恩與桑德斯開始演奏
那些藍調夜鷹開始搖擺；
把收音機調到對的頻道
啦—啊—噠—噠，說聲哈囉！
從這個海岸到那個海岸，又再回來
你可以聽見那切分節奏的副歌
我們要宣布——
來聽夜鷹藍調！

在這些熬夜的樂迷之中，有一個就是查理．懷特。他現在已經高中畢業，肚子裡有了幾分見識。他就和這個階段的很多年輕人一樣，隱約知道自己想去哪裡，但是卻不知道該如何去。在康培爾街住家最高層的屋簷下，查理用腳趾隨著夜鷹的歌曲打著拍子，心裡有所領悟。夜鷹樂團的響亮名聲創造出人們對快節奏伴舞樂團的大量需求。如果幾個堪薩斯城的男孩能夠成爲無線電廣播的大明星，查理爲什麼不能？他可以組織一個樂團，學習演奏夜鷹的歌曲集，靠著表演爵士樂來籌錢上大學。

只有一個問題：查理一樣樂器都不會。他對鋼琴課從來就沒有耐性。但是這個家族洋溢著音樂天分。他的姊姊們組成的三重奏還頗受歡迎，其中一人更成爲專業樂手。在一九二七年之前的默片時代，每家電影院都有一台風琴或是鋼琴作爲標準配備，樂師會配合銀幕上劇情的推展即興彈奏背景音樂。查理的姊姊就是堪薩斯城最好的影院樂師之一。

查理從一個高中哥們手中買下一支二手的次中音薩克斯風。打過折的售價還附贈簡短的指法教學，以及讓樂器發出聲音的吹嘴相關知識。查理就從這裡起步。他一面聽著夜鷹的歌曲，一面對著他的薩克斯風吹氣，一個接一個的模仿音符，直到把這些音符串連起來，能夠跟著演奏為止。

幾十年後，查理反思這段回憶：「當你沒有收入時，你就會想辦法創造。你會找到一件事來做。」當然，這未必總是那麼容易。然而他明確指出了某件重要的事。人類擁有的創造力與可能性，遠比我們大部分人一生中所表現出來的要更多。「每一個孩子都是藝術家。」畢卡索曾經這麼說。查理就發現自己體內有一位音樂家，於是將他釋放出來。每天晚上，ＷＤＡＦ的廣播就是他的師父。「我在夜裡收聽庫恩—桑德斯的表演，並嘗試跟上他們的演奏，」他說道。「我就這樣學會了薩克斯風，連一堂課都沒有上過。」

與此同時，他在夏天的尾聲又再次去鐵路公司擔任「工賊」，口袋進帳了一些錢。罷工糾察線的情勢依然緊張，不過查理想出了一個安全通過的法子。他有一條時髦體面的白色法蘭絨長褲，像是坐辦公室的小夥子會穿來上班的那種褲子，他將勞工制服塞在背袋裡，穿著這條褲子來上工，總能安然過關。「他們會說：『嗯，這小子是坐辦公室的。』」查理回憶。進入廠區之後，他會換上連身工作褲，做完一輪班之後先洗個澡，「然後我再穿上我的白褲子走出去。」

查理爲鐵路公司打工的薪水正好足夠他應付堪薩斯城初級學院（Junior College of Kansas City）的相關費用。在這裡，我不會詳談這所初級學院的歷史，不過請相信我，這是查理與現代世界共同邁向成熟的又一個例子。對查理而言，初級學院是他能力所及的、向成爲一位醫生的目標前進的途徑。這所學校沒有草坪和鐘塔，學術方面的嚴格卻毫不馬虎。「這是我所念過最辛苦的學校，眞的很艱辛。」查理某次告訴我。也許這所學校想證明自己的價値，至少學生們顯然是如此。查理表示該校的要求標準實在太高、同學實在太刻苦用功，以至於他後來轉到密蘇里州的旗艦大學時覺得相較之下功課輕鬆多了。

每到午夜，他就會拿出薩克斯風，進行另一次假裝自己是夜鷹樂團伴奏的模擬練習。後來查理在白天也帶著薩克斯風，一有機會就拿出來練。他有一位朋友正在學彈斑鳩琴，在天氣暖和的夜晚，他們偶爾會搭電車到城南寬廣的斯沃普公園（Swope Park），在船塢租一條小船，到湖中開一場隨興所至的演奏會。不到幾年的光景，查理的演奏清單已經累積了三百多條曲子。

和他所設想的一樣，他開始靠演奏賺錢了。查理拼湊起來的樂團在各個高中舞會大受歡迎。他們活力十足的流行音樂演奏讓高中孩子們願意原諒幾個彈錯的音符。一九二三年，最熱門的舞曲是由偉大的非裔美國作曲家詹姆士・P・詹森（James P. Johnson）創作的〈查爾斯頓〉（The Charleston）。這支節奏感強烈的曲子掀起了一波舞蹈狂潮，主角是一種來自南卡羅萊納的舞步，充滿膝蓋相碰、搖擺臀部的動作。不過查理與他的朋友也能彈奏很不錯的狐步舞曲與莊重的華爾滋。他們的表演水準不俗，成功在市中心的大街劇院（Mainstreet Theater）謀得一星期的演出機會。

當時堪稱是堪薩斯城年輕人最美好的時光。熱愛追逐八卦醜聞的報紙專欄作家維斯布魯克．培格勒（Westbrook Pegler）爲堪薩斯城冠上「平原上的巴黎」的美譽，對禁酒令的嗤之以鼻成爲一股動力，鼓舞這座城市邁入一個全面開放、無拘無束的年代。畜牧業出身的愛爾蘭移民彭德格斯特家族（Pendergast）靠著目的性的慈善事業、高段的選舉舞弊與偶一爲之的謀殺，牢牢控制住堪薩斯城的政治機器。從孟菲斯到芝加哥，以及向西延伸的遼闊地帶予人一種滴酒不沾與保守的印象，但是在湯姆．彭德格斯特手中的堪薩斯城卻是夜夜笙歌。「如果你想看看罪惡的模樣，別去巴黎，去堪薩斯城就行了。」某位來自奧馬哈的作家最終這樣寫道，這篇揭露性的報導卻在觀光旅遊上帶來了驚人的效果。

這是一個世事飛快變化的地方。房地產開發商傑西．克萊德．尼可斯（Jesse Clyde Nichols）將城南雜亂無章的養豬場改建成井井有條的豪宅與高級住屋，賣給城裡的銀行家、律師、商人、成衣製造商、穀物經紀商、鐵路公司高管、肉品加工商、工程師、林業大亨、工廠老闆。尼可斯規劃了蜿蜒的街道與無尾巷、高爾夫球場與馬球場。他還建造了美國第一座行人專屬的購物中心，取名爲「鄉村俱樂部廣場」(Country Club Plaza)，林立著歐式雕像、噴水池與一座受到塞維利亞大教堂（Cathedral of Seville）啟發而建的高塔。

尼可斯這個心胸狹窄的鄰里絕不歡迎非裔美國人。儘管如此，他們的社群依然蓬勃發展。加入非裔美國人大遷徙（Great Migration）的南方農奴後代在堪薩斯城東邊展現旺盛的生機。來自田納西州，過去在河船上擔任廚子的亨利．佩里（Henry Perry）在一座老電車倉庫內開設了一家燻肉餐廳，著名的堪薩斯風格燒烤於焉誕生。一九二〇年，一群來自全國各地的企業人士在不遠處的東區基督教青年會集會，成立了職業黑人棒球聯盟，堪薩斯城帝王隊（Kansas City Monarchs）很快成爲聯盟霸主。在那些年裡，只要站在十八街與凡恩街（Vine）的十字路口，就會看到非裔美國人圈子的名流來來往往（有的還直接搬來這裡住）：投手薩奇．佩吉（Satchel Paige）、女低音歌手瑪麗安・安德森（Marian Anderson）、壁畫家海爾・伍德拉夫（Hale Woodruff）、企業家艾法・嫚莉（Effa Manley）、作家詹姆斯・韋爾登・詹森（James Weldon Johnson）、作曲家艾靈頓公爵（Duke Ellington）。日後在民權運動中領導美國全國有色人種協進會（NAACP）的作家與政治運動家羅伊・威金斯（Roy Wilkins），當時還是一名年輕的記者，在頗具影響力的《堪薩斯城呼聲報》（*Kansas City Call*）上報導了這個景象。

對於無數的年輕夢想家來說，查理的這座城市等於是由農村通往未來的中繼站。迪士尼樂園的創建者就表示他是受到電氣公園（Electric Park）的啟發，也就是堪薩斯城南端那座光彩奪目的遊樂園。在一個神奇的水壓升降機上，描繪人類生活的靜態場景從水花四濺的噴泉中浮現，令數以千計的小鎮遊客心中敬畏不已，華特・迪士尼就是其中之一。他仔細研究精心照料的花圃如何環繞著遊樂園設施，乘坐了環繞園區的迷你火車，當這個樂園的夜晚變成一場燈光與煙火的魔幻秀，他更是看得瞠目結舌。

一名來自內布拉斯加州東部的青少年喬伊斯·克萊德·霍爾（Joyce Clyde Hall）帶著兩箱子的明信片到聯合車站兜售。這兩箱明信片就是後來成爲賀卡與包裝紙帝國的賀曼公司（Hallmark）的前身。另一個青少年，來自堪薩斯鄉間的妮爾·奎南（Nell Quinlan），以縫製風格獨特的居家洋裝起家，後來她的公司在許多年間雄踞全球最大女裝製造商的寶座。

這就是一次大戰後的堪薩斯城：是最好的年代，也是最壞的年代，你可以這樣說。此處是夢想家的畫布，然而也是腐敗與三K黨的巢穴。如同狄更斯筆下大革命時期的法國——實際上也是所有時代的所有地方——光明與黑暗的季節交織成一個永恆的曆法，如何尋找一種正直的生活方式，是每個人在其中面臨的挑戰。查理將他的未來押注在光明面，他說：「如果你心態消極，你的整個身體都會受累。消極的人會分崩離析，因爲你無法得到樂觀養分的餵養。」一個樂觀的人並不否認黑暗的存在。像查理這樣的樂天派只是不願沉淪其中、躲藏在其中，也不願屈服於黑暗。

查理的高中朋友有幾位已進入堪薩斯大學就讀，位於堪薩斯城西邊不遠的勞倫斯（Lawrence），也有一些人就讀於反方向幾個小時路程的密蘇里大學。查理面對著自己眼前的選擇，他前去拜訪堪薩斯大學的菲・卡帕・塞兄弟會（Phi Kappa Psi），那兒的弟兄邀請他加入他們到姐妹會區域進行小夜曲演奏巡禮。九十年後，他依然還記得當某位歌手丟下表演跑到草叢中小便，一群年輕女子指著他笑得花枝亂顫的情景。（即使是在反酒精戰士凱莉・納西翁〔Carry Nation〕的家鄉，「從骨子裡滴酒不沾」的堪薩斯州，禁酒令也早已形同虛設。）不過，查理最終找到一位比較清醒的榜樣：他的主日學夥伴，後來在密蘇里大學拿到羅德獎學金的查理・帕克。

帕克當時是貝塔・西塔・派兄弟會（Beta Theta Pi）的成員，查理在一九二四年進入密蘇里大學就讀後不久也加入該兄弟會的立誓入會班。他在多年之後回憶，當時遇到最嚴重的捉弄是他與立誓入會班的十九位同學奉命熄滅壁爐內的火——用嘴巴噴水。水源在兩層樓梯之上，學長命令他們必須全程以鴨子走路的方式行動。他們上樓下樓、上樓下樓、上樓下樓，學長們則在樓梯頂端嘻笑著將水倒入他們的口中。「我們最後終於把火熄滅了，」查理回憶。「但是第二天我們沒有一個人去上課，因爲實在上下樓梯太多次，我們的腿都動不了了。」

他繼續說道：「在兄弟會的地獄週，他們會狠狠地整我們。他們會使出最恐怖的骯髒把戲，任何他們能想到的邪惡玩意，全都用在你身上。我還記得他們在深夜裡把我帶到城外十或十五英里遠的墳場，對我說：『你得找到這人的名字和死亡的日期。』然後把我一人丟在那裡。我就獨自在墳場裡到處尋找那人的墓碑，然後再走回城裡。我不確定，猜想大概有十五英里。也可能只在城外一英里，但我感覺像十五英里一樣遠。」

就和高中時的兄弟會一樣，查理熱愛他在貝塔．西塔．派兄弟會的生活。

經過先前就讀的初級學院嚴格的要求之後，他發現大學相對輕鬆。他在課業之餘有許多時間玩音樂——表演時他會在旁邊的椅子上擺一本教科書，在演出空檔讀書——而且還有剩餘的時間和朋友一起狂歡作樂。

光明的季節也是黑暗的季節：這個熱切迎接查理的世界，對於非裔美國人卻具有致命的危險性。在查理到密蘇里大學就讀前一年，校園裡的一位工友遭指控強姦的罪名，並被一群喝醉酒的暴徒拖出他的牢房，在附近的橋上以私刑處死。大約也是在同時間，一位社會系的教師在一次演說中否定「純種」理論——日後納粹猶太人種族大屠殺的學術根據——而遭到輿論攻擊。

不過對查理與大部分的學生而言，這些都太遙遠了。他擔心的是些比較小的事情，例如哥倫比亞與密蘇里河對岸的堪薩斯城沒有橋梁銜接。如果鬧哄哄的學生集體到西邊找樂子，回程時很容易就會錯過最後一班渡船。查理還記得有一晚太遲抵達渡口，只好睡在車上度過暴風雪的夜晚。

經過一年無憂無慮的大學生活後，查理已有資格申請到密蘇里醫學院就讀。當時的流程與今天的考試、申請、面試程序大相逕庭。學生只要修滿規定的通識學分，就可以高年級大學部學生的身分申請醫學培訓。「你只要把文件交上去就好了。」查理回憶。

想當一名醫生的念頭早在他母親的民宿餐桌上就埋下了種子，當時的查理著迷於醫療傳教士的故事。當他的一位姊姊嫁給醫生後，他的夢想更是如花朵般盛開。

我們很容易設定一個目標，然後心想……這可能做不到。查理的要領就是把做不到的「不」拿掉，他天生就有這項本領。他受訓成爲醫生的當時，正值這世界跨入現代醫學的門檻之際，門檻前是偏方藥水的年代，門檻後則是基因定序的年代。要邁入未來，醫學就必須擺脫過去的陰霾。查理所學的是在抗生素出現之前的醫學，當時美國人民的主要死因不是心臟病與癌症。這些疾病下的死者大多是老年人，而在查理還是學生的時代，大部分的人都活不到那麼老。他們多半死於長久以來尾隨著人類的病毒與細菌相關疾病——然而人類對其仍所知甚少、束手無策。兒童的死亡率居高不下，有五分之一的美國人在五歲前就失去了生命。外科手術充其量只能說是剛起步，很少手術能獲得長期成功。維他命與荷爾蒙在人體化學中的角色還停留在想像中，更遑論系統化了。

在查理的學生時期，堪薩斯城最著名的醫生是亞瑟・赫茨勒（Arthur Hertzler）。赫茨勒是在歐洲頂尖科學家手下接受訓練的病理學專家，他在威奇托（Wichita）附近設立了一家醫院，行醫遍及堪薩斯鄉間，也常前往堪薩斯城進行教學。然而即使是赫茨勒，這個二十世紀初醫學實踐的典範，也在回憶錄中喟嘆行醫濟世的無助感。赫茨勒寫道，一位醫生最主要的貢獻在於他的神態舉止。目睹過各種疾病之後，訓練有素的醫生能夠分辨哪些病人有機會康復，哪些病人很快就會嚥氣。一位醫生的床邊態度可以幫助病人與家屬加快復原，或為不可避免的情況準備好後事。但是對於疾病本身的治療：「在早期那個年代，我想不出有什麼疾病是真正被醫生治癒的，」赫茨勒寫道。「醫生能做的只有緩減痛苦、接骨、縫合傷口與為小孩子處理膿瘡。」

由於缺乏療方，患者往往病急亂投醫，四處尋找庸醫或密醫。在種種層面上，查理所踏入的醫學界根本就是一個浮誇無能的馬戲團。一九二〇與三〇年代報紙上刊載著行文語調與眞正的報導難以區分的「新聞」，實際上卻是缺乏法律監管的補藥廣告，其成分往往含有酒精與麻醉劑。這些會致癮的萬靈丹所宣稱的療效，從掉髮、癌症、痛風、淋病、脹氣到心臟病無病不包。

最令人嘆爲觀止的一種江湖郎中將其騙術結合大眾傳播的力量，他們在中西部發展得欣欣向榮，就像大豆和斑眼魚（walleye）一樣。就以密蘇里州塞達利亞（Sedalia）的維吉爾・尼爾（E. Virgil Neal）爲例，他販售的藥丸據稱能夠增加身高、豐胸與解決各種無法診斷的疑難雜症，就這樣建立起一個郵購帝國。他把這顆神奇的藥丸稱作「努化鐵」（nuxated iron，其中的努克斯〔nux〕與劇毒的番木鱉鹼有關）。他也是邀請明星運動員代言產品的先驅。棒球明星泰・柯布（Ty Cobb）與拳擊手傑克・登普西（Jack Dempsey）都曾宣揚過努化鐵的功效。

愛荷華州馬斯卡亭（Muscatine）的諾曼・貝克（Norman Baker）是另一個大騙子。他在一九二五年成立自己的廣播電台，開始散布結合陰謀論與專利藥品的謠言——松節油能治破傷風、洋蔥膏藥能治闌尾炎，還有一種神祕的藥粉可以對付腦瘤。他堅稱領有執照的醫生都是道德淪喪之人。兒科醫生都是猥褻兒童的犯罪者，貝克透過廣播如此宣揚。他還聲稱「M.D.」（醫學士）根本就是「more dough」（錢愈多愈好）的縮寫。

一九二九年，貝克得知了堪薩斯城查理斯・奧茲亞茲醫生（Dr. Charles Ozias）的傑作，後者宣稱發明了一種神祕血清，只要注入腫瘤就能治癒癌症。貝克在其廣播節目大肆吹捧這種血清，很快就建立起有一百張病床的癌症診療所。他也極力推銷由伊利諾州哈利・霍克西（Harry Hoxsey）所捏造的一種「祖傳」藥方。在一次法庭訴訟中，法官強制貝克供出這種藥方的製法，他表示是根據霍克西的指示，將苜蓿、玉米鬚與西瓜籽放進水中烹煮而成。

最終，貝克把他的診療所、廣播聽眾與西瓜籽搬到阿肯色州尤瑞卡溫泉鎮

（Eureka Springs）一間位於山坡上的陰森維多利亞旅館內。他將旅館的大廳粉刷成與他的豪華座車相配的紫色，並且在他的辦公室窗戶裝上防彈玻璃。旅館的一側做了隔音處理，以防止新來的病人會聽到那些受騙住戶垂死之際的痛苦呻吟聲。

還有一名更爲高明的江湖騙子——同時也是更大尾的社會名流——約翰·羅姆洛斯·布林克利（John Romulus Brinkley），他在阿肯色州的米爾福德（Milford）主持一家廣播電台，大肆宣傳他的「折衷醫學」（天知道這是什麼）。布林克利的這種療法可說是集各家之大成：幾近失傳的民俗療法、草藥調劑，借鑑自整脊治療師、整骨醫師、順勢療法的理論，與其他一些更稀奇古怪的醫術。他的招牌醫術是將山羊的睪丸移植到陽痿的男人體內。他堅稱：「一個男人的年齡取決於他的腺體有多年輕。」

宣揚他的「山羊腺體療法」之外，他的電台還夾雜著基要派布道大會、對菁英人士的抨擊與說給孩童的床邊故事，如此吸引了龐大數量的追隨者——全國最大的聽眾群之一。一時之間，小小的米爾福德擠滿了來自全國各地，願意花七百五十美元接受山羊睪丸移植的男士。這些數字持續增長，因爲布林克利隨之又「發現」了他的跨物種腺體移植療法還有更多用途：山羊的生殖腺可以治療糖尿病、高血壓、癲癇、耳聾、癱瘓、女性不孕、肥胖與失智。

所謂樹大招風，貝克與布林克利雙雙被美國醫學會（American Medical Association）盯上——布林克利將此一醫生組織稱爲「肉類切割者聯合協會」（Amalgamated Meatcutters Association）。一九三〇年代，他們爲躲避美國當局的騷擾而遷移到墨西哥的邊境小鎮維拉阿庫納（Villa Acuna），設立一座新的廣播電台，其功率是美國法律所容許水準的十倍以上，電台四周的鐵絲網都因強大的信號而嗡嗡作響。據傳在大蕭條的低谷時期，這兩人的年收入都是數百萬美元，然而兩人都抵擋不了返回美國尋求公職的誘惑。諾曼・貝克後來參選愛荷華州參議員失利，布林克利則是投入堪薩斯州長的選戰，一樣以落敗告終。

這些就是查理所接受的醫學教育企圖馴服的化外之地。但是當我看到查理保存良好的課堂筆記時，我對這個軍火庫中所能提供的武器之貧乏大感震驚。一九二〇年代的醫學生要記下數以百計的疾病與生理失調的名稱與症狀，然而他們學習的治療方法之少卻與他們所學的疾病數量不成比例。不論他是向布赫賓德醫生（Dr. Buchbinder）學習傷口與肺結核；向施雷格醫生（Dr. Shrager）學習外科手術；或是向波拉克醫生（Dr. Pollock）學習神經學，或者不論是梅毒、蛇咬傷口、鼻咽癌，還是腹瀉，都有相同的一項缺失：無藥可癒。

比如說，查理學到治療淋病的方法有：硝酸銀軟膏、紅藥水靜脈注射、無菌乳肌肉注射與前列腺按摩。割除扁桃腺可以治療「風濕病、心臟病，以及關節、眼睛、耳朵、腎臟＋〔胃腸道〕相關的疾病」，查理仔細記下這些。古柯鹼噴劑療法則可以用於一般的感冒。這也難怪有這麼多的病人會被廣播電台的江湖郎中所編造的陰謀論所矇騙，認爲醫生根本就是在暗中故意讓病人生病。「我們眞正所能做的其實只有坐在病人旁邊祈禱。」查理在過了許多歲月之後承認。

不過，這不代表查理就只是個虔誠安詳的基督徒。他的解剖學教授是埃德加・愛倫（Edgar Allen），一位聲譽卓著的生物化學家，以分離女性荷爾蒙的雌激素與記錄其效應而留名醫學史。學生都十分敬畏愛倫的成就，也欽佩他駕馭帆船的技術。然而即使是愛倫的響亮名聲也難以馴服查理的調皮搗蛋。「有一天晚上，」查理回憶，「我們偷拿了一隻他用來進行雌激素研究的猴子屍體。我們將猴腦煮熟，每人嚐了一口。」查理若有所思地停頓了一下，補充道：「那個年頭的醫學生真是一群狂野又難以捉摸的傢伙。」

查理大學教育生涯中的巔峰是馬可斯・賓森・尼爾（Marcus Pinson Neal）醫生的艱深病理學課程，他在一九二七年二月一日踏入這門課。尼爾是一位柔聲細語的南方人，在阿拉巴馬州長大，在維吉尼亞州接受教育，他有一張帶著貴族氣質的長臉，鼻梁上掛著小巧的銀絲邊眼鏡。查理去上課時帶著由帆布封面的活頁夾固定的大約兩百頁橫線筆記紙，他一坐下來，手中飛快的筆就沒有停過。根據查理的筆記標題，尼爾的講課是從病理學的「歷史與定義」開始，接著飛快進入「病原學、循環系統病變、逆行性病變、畸形與異常、炎症、毒物、猝死、傳染病、一般疾病、腫瘤、造血器官、循環系統、淋巴結、脾臟、呼吸系統、消化系統、胰臟、肝臟、泌尿器官、男性生殖器官、女性生殖器官、肌肉、骨骼、關節、神經系統」。所有這些課題塞在短短四個月內，接著就是艱鉅的期末考。

查理以工整的字跡，在近四百頁的筆記上詳細記下各種已知疾病與創傷的症狀、療方與預後。尼爾向學生解釋如何建立病人的病歷，還建議了在一般檢查時應採取的合宜態度（對「典型的緊張病人」進行直腸檢查的時候更要特別注意）。

查理學到了如何處理傷口（「針對油膩的傷口，使用松節油或汽油來去除油脂＋消毒」）。他也學到如何刺破膿瘡與清除膿液，以及如何用手術方法除去比膿瘡更難纏的表親：癰。在感染方面，他學到「日光療法」；在血栓方面，他學到嚴厲要求病患「絕對平靜」地臥床一個月。查理也學到讓受到驚嚇的病人喝咖啡；對痔瘡病人給予鴉片栓劑。還有水銀這種劇毒的物質是許多疾病的首選療法。查理與其他同樣志願成爲全科醫生的同學在師長鼓勵下製作各種疾病的「自體疫苗」來進行免疫學的實驗。此一方式並不複雜，但也沒有什麼效用。這些未來的醫生被教導自病人器官或傷口中提取受到感染的物質，然後混合到溶液之中。這些溶液接著會注射回病人體內，希望能夠觸發病人的免疫反應。

經過一個星期又一個星期的煎熬，查理不只吸收了他所選擇職業的專業知識，同時也學到了其中的錯誤與盲點。當尼爾結束他的最後一次講課後，查理一頭鑽進他的筆記準備期末考。他這本帆布封面的筆記可說是一九二〇年代末全科醫生的醫學彙編，涵蓋了可能遇到的每一種疾病症狀與半生不熟的療方，從便祕到癌症；從骨折到肺結核，再到嬰兒黃疸。

他應付開銷的資金包括來自家裡的一小筆資助，還有他靠薩克斯風賺來的錢。「每逢週五與週六，我就很忙，」他還記得那時永無止盡的學生舞會。

「星期五的下午，我會到姐妹會的茶點舞會等活動演奏。我大概認識學校希臘區的所有同學——不管是姐妹會還是兄弟會，我在所有派對上演奏，自然就認識了每個人，你知道的。」

在典型的查理式結尾，他補了一句：「那眞是美好的生活。」

在一九二七年的畢業典禮上，查理獲得密蘇里大學的醫學學士學位。當時他只有二十一歲。忘了是什麼緣故，他的母親並沒有參加典禮，但是寫了一封信給他。

我相當欽佩勞拉・懷特。丈夫意外早逝使得她的世界天翻地覆，但是她卻找到辦法來養活一大家子。查理深深敬愛她。我們成爲朋友不久時查理就驕傲地告訴我，她母親因爲在工作、信仰與養育子女之間取得平衡的高超本領，曾被提名爲「年度最佳母親」。儘管就今天的標準來看，有人可能會說她疏於管教子女。在查理的記憶中，母親的教養可歸結爲一句可應用在各方面的忠告：「做正確的事就對了。」其中的簡潔特質與我這一代的直升機父母相去甚遠。我爲人父母的錯誤（而且我確實犯下許多錯）都是源於過度干預，缺少了良性的鬆綁。

勞拉相信她兒子能做出正確的事，也相信他隨機應變的能力，這對查理的自信心是一股強大的助力。我現在才了解這一點。孩子需要有自己做出抉擇的空間；學得屬於自己的教訓；自己承擔後果與處理善後。對今天極度保護子女的父母來說，最困難的一課可能就是：勞拉．懷特教養兒子的方式，是出於相信這個世界大部分是安全與可應付的前提。即使一場殘忍的意外奪走她的丈夫，她依然堅定不移。透過她，查理也學到了事情總有轉機的信念。

我在查理去世後才更加了解這一點。在他的遺物之中有一封勞拉在他畢業時寫給他的信，在這封信裡，我們可以看到她既要做爲這位年輕人的母親，同時也身兼父職的努力。她寫道：

我受上天眷顧的男孩：

我覺得必須在你的畢業日為你寫一封短短的信，因為我無法陪在你身邊。我相信你能了解母親對你最深切的愛與思念都與你同在，這是令我備感驕傲與快樂的一天。我一直想著如果你的父親還在世不知會有多麼驕傲。他總是在說你應該上大學，我相信你也知道，親愛的，在我對你深懷期望的同時，我心中也謹記他願你能過上最好生活的期望。他對他的小兒子懷著偉大的理想與抱負，常言道，一位好父親總希望兒子能夠成為他所希望成為的人。從護士手中將你送入他的懷中的那一刻起，直到他離開人世，你都是他生命中的驕傲。

我與你的父親始終都為你祈禱，親愛的，願你活得精采，認真生活，願你每一天的努力使你與所有愛你、相信你的人心滿意足。你選擇了一個值得尊敬的職業，一條高尚的服務奉獻之路，而你將會忠於其中最美好的傳統。記住，每一份職業與每一種生活：都有高尚的路與墮落的路，有些人會選擇高尚之路，也有一些人會自甘墮落，其他人則是在中間的迷霧裡隨波逐流。

我內心深處的感受難以言表，但是我確信你了解我對你的愛、對你的信心與為你感到喜悅。我祈禱著最好的事情都發生在你身上，同時感謝上帝賜給我這麼一個善體人意的兒子。你可能並不覺得這個日子有什麼特別，但是以後回想起來，你會愈來愈了解它的意義是如此重大。

查理珍藏這封信長達八十七年。儘管歲月流逝了好幾十年，他仍經常提起那字裡行間洋溢的溫暖。當他嚥下最後一口氣時，這封信就在他的身邊。他的母親相信他，爲他感到喜悅，而查理確實選擇了高尚的路，一如她的期望。

他確實認眞生活。

Chapter 07

當萊爾・威利茨（Lyle Willits）開始經常到康培爾街走動，追求查理的大姊時，查理正是介於男孩與男人之間的年齡，處於青春期的尷尬尾巴。威利茨身上有著某種迷人的特質，因爲不只是查理的姊姊拜倒在他的魅力之下，查理也一樣。

威利茨比查理年長九歲，而在人生的此一時期，九歲的差距意義非凡，尤其是這位失去父親的男孩迫切需要能夠仰望與追隨的榜樣。查理開始以這位大姊夫作爲藍圖規劃自己的未來，由此可見這份友誼和榜樣的重要性。威利茨是一名年輕醫生，這讓查理相信自己也可以成爲醫生。威利茨畢業於芝加哥的西北大學（Northwestern University）醫學院，因此查理在大學生涯接近尾聲時也把目光放在西北大學的醫學院。令他沮喪的是西北大學拒絕了他的入學申請。

接下來發生的事情百分之百是查理・懷特的行事風格。遭到拒絕確實是一大打擊，但他並未就此感到束手無策。失望也可以變成一項挑戰，一個驗證他能力的機會。他跳上前往芝加哥的火車，來到埃文斯頓（Evanston），找到西北大學醫學院長的辦公室。儘管沒有事先預約，查理直闖院長助理的辦公桌前自報名號，然後就坐下來等候，直到院長願意見他爲止。

當助理走進來告知等候室有一位來自密蘇里州的年輕人堅持要與院長見上一面，我猜想這位醫學院長定是滿臉困惑。不過很顯然地好奇心勝出，因爲查理被帶進了院長的辦公室。查理快速地解釋爲何拒絕他的申請是一個錯誤。也許是因爲萊爾・威利茨曾爲他加油打氣，鼓勵查理相信自己能夠應付西北大學嚴格的訓練。查理也帶來了他在密蘇里大學的成績紀錄，證明自己是一位用功的學生。不論查理到底說了什麼，反正是成功了。他運用口才進入了西北大學的醫學院。

我的孩子與我爲這件事爭執不下。他們告訴我現在已沒有人透過面對面的接觸取得優勢了。找工作、建立人脈與追求機會的行爲都在線上進行。你填寫一份電子表格、上傳你的數位履歷表、點擊按鍵，接著就只能接受你的命運。但我不確定我是否完全相信，科技會改變，但是人性不會。人情味永遠都占有一席之地。一個誠摯的年輕人充滿自信地提出論據，在今日依然和過去一樣具有力量。也許靠著口才進入醫學院如今已不可能，但是你仍然可以做你自己的最佳代言人，這件事沒有人會比你做得更好。要說到被拒絕的風險——查理反正已經被拒絕了。他的院長辦公室之行只有可能讓事情更好，不可能更壞。

最終進入作曲家名人堂的歌星兼演員克里斯．克里斯托弗森（Kris Kristofferson）有一則發生在他身上的眞實故事。當他從越南返家時還很年輕，除了駕駛直昇機的資歷與滿滿的自信心之外一無所長。他相信他創作的歌曲值得一聽，但這世界卻不願聆聽。他於是借了一架直昇機飛到納許維爾（Nashville）的郊區，降落到超級巨星強尼．凱許（Johnny Cash）住家的草坪上。當強尼跑出來看看到底發生什麼事時，克里斯托弗森遞給他一捲他作品的錄音帶。

這就是查理．懷特的精神。

我自己的查理時刻出現在十七歲時。我聽說當地報紙《丹佛郵報》

（*Denver Post*）的體育部門有一個職缺，負責在週末晚上輸入比賽紀錄並撰寫簡短的相關報導。打電話給體育版編輯請求面試機會，是我平生做過最困難的事。我緊張得不得了。我家的電話是掛在廚房的牆上，一長串捲曲的線圈連接著聽筒。當我拿起聽筒撥號時，覺得聽筒有一百多公斤重。我撥的每一個數字似乎都在勸我放棄。

一個不耐煩的聲音接起了電話，我緊縮的喉嚨幾乎一個字都吐不出來。編輯隨便把我打發了之後——一個高中小鬼還想來我們大報社找工作！——幾天之後再度打電話找他更是艱難無比，而第三次打電話給他簡直就是酷刑。但是第三次電話讓我得到面試機會，那次面試使我得到工作，這份工作隨後又成就了我的事業。

失望是超出個人控制範圍的一項外在事物，因此對於一名斯多噶實踐者來說，這是不值得注意的事情。查理能夠控制的是他對失望的反應，而他選擇了堅持不懈。比起一份入學申請書，他自認能夠爲自己提出更好的論據，所以他冒著可能更加失望的風險，去追求自己所渴望的回報。結果就是，在一九二七年的某天，查理．懷特正式進入西北大學醫學院就讀，當時他只有二十二歲，而他立刻就開始用功，努力實現他對院長的承諾。

查理向這位院長承諾的每一件事都兌現了：查理夠聰明、夠用功，與同學也打成一片，使得院長沒有任何理由後悔他的決定。查理的第一年成績單就是最好的證明。

在產科學方面，安全接生的醫術（與相關的生殖健康）：A-。

法醫學：A-

神經學：A-

小兒科：B

皮膚科：B

如此等等。查理原先被拒絕，到最後成績卻遠高於班級平均水準。

當時正值咆哮的二〇年代（Roaring Twenties）火力全開之際，每逢週五與週六的晚上，都可以在風城芝加哥的某個夜總會舞台上找到吹著薩克斯風的查理。他的音樂啟蒙老師庫恩—桑德斯夜鷹樂團已將其基地遷到芝加哥，成為黑幫老大艾爾．卡彭（Al Capone）最愛的樂團。查理一樣繼續在表演空檔讀他的教科書。

為了賺外快，他還兼差擔任城市救護車隊員——在一九二〇年代相當於今天的緊急救護技術員（Emergency Medical Technician，EMT）。在卡彭控制之下的芝加哥一個狂野的夜晚，他的救護車趕到一個幫派火拼的現場。一名黑幫成員中彈，躺在人行道上。這個人的女伴十分著急，苦苦哀求查理救他。於是這位還在接受訓練的未來醫生跪在歹徒身邊檢查他的脈搏，不過看來已無希望。他周圍不斷擴散的血泊就足以證明。

「他必須輸血，否則就活不了，」查理說道——儘管在那個年頭輸血還是一門新興科學，醫生所知關於輸血的所有知識只需少少幾張索引卡就寫完了，甚至還有空間可以寫下日用品購物清單。輸血有時候會見效，有的時候卻會造成類似中毒的反應。當時的研究人員還沒搞懂血型的相關細節。

黑幫弟兄的女友表示她願意爲最後一根救命稻草付出高昂報酬。查理於是從救護車上翻出一截橡皮管與兩支靜脈注射針頭。他將一支針頭插入自己的手臂，另一支插入瀕死的男人手臂上，查理與那名女子看著查理的鮮血充滿橡皮管內。這名傷患與這位未來的醫生的血型是否相配，根本無從知曉，因爲此一勇敢而冒進的實驗並未挽回受傷男人的性命。

但那位失去愛人的女友對查理的義舉深深動容，於是信守承諾地掏出一疊鈔票，數了一筆慷慨的數量塞進查理手裡。

這筆意外之財來得很巧，因爲查理心中早有一個計畫可以好好使用這筆錢。暑假即將到來，查理最近才去拜訪一家跨太平洋郵輪公司設在芝加哥的辦公室，他表示可以爲下次橫渡太平洋的旅程提供一支伴舞樂隊。郵輪公司接受了他的提議，查理沒花多少力氣就找到了幾位樂師，在這個夏季一起搭乘郵輪從西雅圖航行到日本，再到中國，然後返航。儘管工資不高，但是他們可以免費搭乘郵輪，也不愁吃喝。更棒的是，在每趟旅程結束時，乘客都會傳遞一個帽子收集小費給樂隊。

演出計畫敲定後，查理才開始思考最後一個問題：從芝加哥到西雅圖的火車票錢。現在，就像上帝應允了他的祈禱一樣，他手上握著那名死者女友遞給他還溫熱的鈔票，這筆錢應付他的旅程綽綽有餘。

查理爲那次旅程寫下日記，成爲他在八十五年後去世時的遺物之一。出發前，他在日記本的開頭記下了幾十首歌曲的歌詞——大部分都是慢節奏的抒情歌曲。這本提詞本彙集了當時廣播電台與七十八轉蠟筒唱片中最熱門的曲子。我猜他是想先準備一份方便的曲目清單，在沒有觀眾點歌的時候讓樂隊表演。〈夢中小木屋〉（Little Log Cabin of Dreams）是樂隊指揮保羅・懷特曼（Paul

Whiteman）最新的熱門歌曲；〈沒有人的甜心〉（Nobody's Sweetheart）是所有人的最愛，在各個樂團間傳唱；〈俄羅斯搖籃曲〉（Russian Lullaby）是天才作曲家歐文·柏林（Irving Berlin）新近完成的夢幻華爾滋舞曲。此外還有更多。

在歌曲後的頁面標有當年夏天的日期，盡其所能記錄著查理這趟宏大的冒險：樂隊伴奏的每一頓正式晚宴、下午的茶舞，以及週日的早午餐。在出海的第一週左右，查理詳細記下了所有美味豐盛的食物——直到連續幾天的驚濤駭浪與暈船使他對菜單的興趣大減。自那之後，他在舞會間的空檔花了較多時間窩在臥鋪裡閱讀英國作家菲利普·吉布斯（Philip Gibbs）所著的暢銷小說《年輕人的無政府狀態》（*Young Anarchy*）。

在《大亨小傳》（*The Great Gatsby*）出版一年後問世的這本書，觸及了失根與道德敗壞等些許相同的主題，這本書彈奏的某個悲觀音符，在查理漫長的一生中將多次出現於西方文化之中。年輕人失去心靈停泊的地方，價值觀與美德成爲過時的事物，整個世界急轉直下。《大亨小傳》的作者曾經談到，查理的這一代是「一個人成長之後，卻發現所有上帝都已死亡，所有仗都已打完，所有對人類的信心都已動搖的世代。」吉布斯在《年輕人的無政府狀態》中也談及類似的信心危機：有些東西「已經粉碎……在人類的腦海中……古老的傳統思想，信仰的基石，人類靈魂中的眾多希望與幻象，社會生活的古老戒律。」

當我翻閱他保存良好的日記，查理躺在床鋪上閱讀吉布斯小說的時光尤其引起我的注意。我的孩子，就和當年的查理一樣，成長於一個充滿幻滅與悲觀的年代。在二〇二〇年代，儘管世事看似黯淡無光，但也不及一九二〇年代的黑暗。我相信查理的處世應對是正確的。他喜歡這本小說，雖然他不會擁抱作者的絕望觀點。終其一生，查理從來不去想像事情會變得更糟——或是更好——而偏離世事真實的模樣，只因他在早年的時候就已學到，人生從來就不是我們所想像的那麼篤定，也不像表面上看來的那麼無望。

郵輪靠岸在繁華的日本橫濱，這裡近期遭到大地震襲擊，查理與他的夥伴還可以看到那場災難對當地造成的損害痕跡。郵輪接著來到馬尼拉，查理很高興看到五個趾高氣揚的耶魯年輕人在舞池裡討年輕女性歡心，卻「沒有太多進展」。船隻抵達香港時，查理得了重感冒，症狀入侵了他的胸腔與鼻竇。到了八月底，郵輪開回到檀香山，查理等人依然在船上定期表演，開心地在每個港口收下乘客的小費。不過到了這時候，查理也急著想在回到醫學院完成最後一年的學業之前，趕回堪薩斯城的老家一趟。

這趟開往中國的郵輪之行是一次輝煌的旅程，再次拓展了查理的視野。但是我不認爲他的人生就此改變。這趟亞洲冒險只是福特T型車加州之行的另一個版本而已。如果是一個備受呵護即將年滿二十三歲的年輕人，他可能需要開開眼界，但此時的查理早已舒展著他的生命。

他在許多年以前就已決定要如何面對這個世界。他早在童年時就爲自己寫下了一個有關自己的敘事，一個關於勇氣與成功的故事，他依據這個敘事採取行動，直到假設成爲了眞實。他了解不論我們是駛向新大陸，或者只是從一天穿梭到另一天，我們都在邁向一個未知之境。查理已學會視未知爲朋友，除非生活經驗說服他並非如此。而儘管他活到了驚人的歲數，這樣的事從未發生。

經歷形塑我們，我們又會反過來形塑這些經歷，將它們轉變成爲我們的人生故事。我們賦予它們意義。一九二〇年代末升起的文壇之星，詩人愛德華・艾斯特林・卡明斯（Edward Estlin Cummings）寫道：「一旦我們相信自己，我們就能冒險追求好奇、驚嘆、體會發自內心的喜悅，或是任何揭示人類精神的經歷。」

一旦我們相信自己……

結束西北大學醫學院的學業之後，查理決定回到家鄉實習——這是他抵達成爲醫生的目標前的最後一哩路。萊爾・威利茨建議他到堪薩斯城綜合醫院（Kansas City General Hospital）實習，這間醫院屬於全國最早一批無論病人有沒有能力支付都會提供照護的醫療機構。這棟龐大的石灰岩與磚造建築座落於一座山丘上，距離查理在康培爾街的住家大約一英里；查理往返市中心的時候必定曾多次經過。不過當他首次身為醫生走進這所醫院的大門，他或許會用新鮮的視角注意到頭頂上的石頭雕刻著莎士比亞筆下的句子：「慈悲不是出於勉強，它是像甘霖一樣，從天上降下塵世。」

這所花了大約五十萬美元建成的醫院啟用時，查理差不多才剛出生。堪薩斯城綜合醫院宣稱坐擁現代化設施，如製冰廠與收容傳染病兒童的獨立側翼等。（我在堪薩斯城結識的另一位朋友告訴我，她還是小女孩時曾因罹患腦膜炎住進與世隔絕的側翼，那是一個孤苦無助的故事。）

這所醫院來者不拒，同時也負責處理全市大部分的緊急病例。根據查理記憶所及，這也是全市唯一具備緊急救護設施的醫院。對一個尚在培訓中的醫生來說，更刺激的是綜合醫院的實習生還需隨行救護車。除了在醫院內工作外，還要全市跑透透，實習醫生都忙得不可開交，因此醫院特別為他們在五樓提供宿舍，他們如字面上所言地「住在工作裡」。而且他們沒有機會慢慢適應。綜合醫院把實習醫生丟入醫學的大水池中，任由他們浮沉。「我們被賦予很多責任，去做很多事，」查理快樂地回憶，但是他也補上一句，「就好像我們有辦法處理一樣。」

作爲一座新興城市的公共醫院，堪薩斯城綜合醫院要處置各式各樣的疾病與外傷。查理急切地想看到、想體驗一切，從手術室裡的「不乾淨的病例」到收容季節性流行病患的檢疫病房，從產房到急診室，後者經常會有一些身上帶著槍傷或刀傷的粗獷男人。

他經常講述的一則故事充分體現了他對學習的急不可耐：一個週六早晨，查理和其他實習醫生被安得伍德醫師（Dr. Underwood）叫到手術室來學習一項至關重要的技術——切除扁桃腺。和那個時代的所有醫生一樣，查理被教導有一大堆疾病都是由扁桃腺所引起。切除這個喉嚨裡的小巧器官等於爲人體健康按下重新設定按鈕。有鑑於此，這可說是最具實用性的課程了。

但是當實習醫生齊聚一堂，等著吸收這次經驗，安得伍德醫師卻遺憾地宣布那位病人並沒有按時出現。房間內的興奮之情如潮水消退。此時傳來了查理的聲音：「我的還在，」他說道。片刻之間，安得伍德醫師還不了解他是什麼意思。

「你們可以割除我的扁桃腺，」查理自告奮勇地說道，一面脫下外套，解開衣領。他爬上手術台將自己安頓好，同時有人找來一面鏡子。他張大嘴巴，從鏡子中觀看手術過程，其他的實習醫生則聚集在他的周圍。「這就是我們過的生活。我們並不在意做一些瘋狂的事情。」查理說道——得意地看著我臉上不敢置信的表情。

「大部分的時候，」他繼續說道，實習醫生還更加我行我素，甚至更加無人監管。「我們就是挺身而出，自己把事情完成，」他表示。「而且大部分的時候，我們都能安全下莊。」他很愛講的一則故事，是一位病患來醫院求診，他的肩關節脫臼，手臂軟綿綿地垂著。

診斷十分簡單，但是現場幾個實習醫生都沒有接回肩膀脫臼的經驗。他們用乙醚將病人麻醉，然後開始作業。「我們沒辦法把關節復位（reduce），」查理回憶，他用的是醫生的術語，意指將骨頭回復到原本的位置。「我們三個人一再嘗試，但是都沒有成功。」那條手臂仍是固執地垂著。

這幾個年輕人只好放下自尊，請醫院的主治醫生過來。「他馬上就來了。他看著我們，病人仍在睡覺。他三兩下就將脫臼的關節復位，看來輕輕鬆鬆，然後他就走了。」

實習醫生互看一眼，再看看仍在昏睡中的病人。「我們又看著彼此說道：『我們現在其實可以再來一遍。』」

於是查理與另外兩人決定再試一次。他們將病人的肩關節扳離肩窩。被麻醉的病人仍是昏睡不醒。「我們試了又試，就是沒辦法讓它恢復原狀，」查理回憶。不論他們怎麼左推右扯，就是無法重現那位資深醫生輕而易舉的動作。他們終於承認失敗，再次請那位主治醫生過來。

「他走過來，順手就處理好了，」查理回憶。幾位實習醫生在這個時刻終於發現了他們在醫院爲所欲爲的極限。「他看著我們三人說道：『好了，小子們，不准再碰這個人了。』」

每名實習醫生都會被分配到一個月的單獨出診工作。有的病患因爲病重，還有一些是有其他原因無法前來醫院，這些遍布城市各個角落的病人會打電話到醫院總機要求醫生前來看診。醫院會提供值班中的實習醫生一輛坐駕（叫作「生病車」），還配有一位對城市裡大街小巷瞭若指掌的司機。在值班期間，查理每天早上帶著一個裝滿了醫療器具與基本藥物的袋子出發，一天下來他可能要跑二十或二十五個地方，然後第二天再來一遍。「那是一個很好的學習經驗，」他回憶道。比如查理學會如何分辨闌尾炎與疼痛難忍的腎結石，遇到前者要叫救護車，後者則要開處方給他，包括阿斯匹靈、補充液體與大量的勇氣。

最重要的是，他學會了謙卑，因爲他發現他所受的醫術訓練其實能對病患提供的幫助有限。查理能夠爲膿包排膿、用藥膏塗抹局部燙傷、縫合不好看的深長傷口。但眞相是，他無法醫治他所診斷出來的大部分病症。當時還沒有發現抗生素與其他先進的藥物。尚很簡陋的X光是體內成像的前端技術。查理是憑手感在處理骨折，從未有機會目睹皮膚下的骨骼。然而他處理了許許多多骨折的病人，因爲當時人們還時常在轉動曲柄發動汽車時，不慎造成引擎逆火，以致折斷了手臂、手腕或是手部。他的袋子裡隨時都放著可以固定患部的繃帶與石膏。

他的行醫是依循「反刺激」（counter-irritation）的理論。根據該理論，要對抗感染，醫生應該刺激免疫系統發揮作用。在當時有一項頗爲流行的方法是塗抹芥末膏。出診的實習醫生到病人家裡的廚房，將乾芥末與麵粉混合，再加上一些溫水混成膏狀，然後塗抹在病人的胸口。眞的有幫助嗎？這已是他們手頭上最好的療方了。

查理沒有心存幻想。他很快就了解到，醫生所能做到的充其量就是安慰病患，向他們保證只要臥床休息、補充適當的營養、大量飲水，病痛自然就會逐漸痊癒。「那主要是支持性療法——支持他們，並且盡量讓他們舒適，等待身體自行治癒。」查理說道。

實習醫生還具有推動公共衛生的功能，就算無法治癒病人，也希望能夠防止疾病擴散。進行家訪時，實習醫生會給出有關營養飲食與居家衛生等方面的建議。查理與他的同事可以自由提出意見，因爲在那個年代針對醫生的訴訟是未曾聽聞，醫療保險更是不知爲何物。即使是剛出道的小醫生也鮮少受到質疑——不過，查理沒過多久就了解到在這個領域中，信任是最強效的藥物，而他在這方面處於劣勢。「人們會盯著我看，眼神中流露出一絲懷疑。我看來太年輕了。『你眞的是醫生嗎？』他們會這樣問。」爲了看來比較老成，他開始蓄鬍，從此留了近九十年的鬍子。

在出診值班那個月結束後，查理又回到醫院的救護車崗位，隨時應召緊急事件。堪薩斯城交通混亂，坐在救護車上穿梭其中是一項高風險的活動。「那些駕駛都和瘋子一樣。」查理表示。

多年後他仍記得一趟特別瘋狂的救護車行程，和一位不請自來的乘客有關。「有一名《堪薩斯城星辰報》記者總是在附近逗留，每次救護車一出動他立刻就跟上去，看是否有新聞報導的價值，」他解釋道。「他是一個令人討厭的傢伙。有一次我出動到現場幫助病患，發現這個病患沒有送進醫院的必要，於是這位記者說道：『嗯，床是空的，那我回去時要躺在床上。』」

「救護車的司機向來都開得很快。那時候的救護車門是在側邊，不像現在都是在後面。我們在三十一街與特魯斯特大道（Troost Avenue）路口急轉彎，感覺好像兩個車輪都飛起來了。車門被甩開來，急救床跟著衝到大街上，那個記者還躺在上面。」

有整整一年時間，醫院就是查理全部的生活；他的母親簡直就像住在一百英里外似的。綜合醫院甚至還照顧到他的愛情。他認識了一位在醫院病房工作的美少女，蜜德莉．克里絲特爾（Mildred Christel）。他們兩人之間擦出了火花，查理會在難得的空閒時間約她出去。兩人彼此吸引。

雖然查理是個了不起的說故事家，但是我不記得他提過在蜜德莉之前的任何女友。我因此隱隱認爲他在戀愛方面晚熟，不過這也許並不正確。畢竟他比身邊的同學要小兩歲，當別人長出鬍子、開始追女孩的時候，他還只是個孩子。他將大學時的約會之夜都留給了樂隊，在台上吹奏他的薩克斯風，而不是在台下尋求一支親密的舞或是一個香吻。然而不論他的戀愛段數到哪裡，他與蜜德莉間的戀情顯然有所不同，他們待他實習期一結束就結婚了。

終於，他現在是查理・懷特醫生了！但是他很快就發現還有一個小問題。跟當時其他的醫學院不同，西北大學的醫學院不允許其畢業生在實習期間參加資格鑑定考試。當查理的實習結束，他已經來不及報考。他必須再等一年才能參加考試，接著才能拿到醫生執業執照。「我眞的很想開始執業，」他回憶道，幾十年之後仍能聽出他語氣中的沮喪之情。「但是我錯過了向州委員會申請的時間。」

規定就是規定。規定指出查理必須取得醫學士學位才能參加考試，而西北大學的規定是他必須完成實習才能拿到醫學士的學位。不同的學校有不同的規定，但是西北大學的規定限制了查理的選擇——至少看來是如此。可想而知，查理不打算輕易屈服於這些障礙。沒有什麼能夠阻止他去找負責審批執照的人，不卑不亢地提出他的論據。

他來到密蘇里州的首府傑佛遜市（Jefferson City）。「我跑去找州政府醫療委員會的負責人。」查理向他說明整個情況：他在密蘇里大學接受了嚴格的訓練；他在西北大學醫學院優異的成績；他在堪薩斯城綜合醫院廣泛學習的實習生涯。他解釋由於西北大學的規定導致他錯失考試時機，使他剛起步的醫生事業受挫。他誠心希望州委員會能對他網開一面。

但是規定就是規定，他必須等到明年。

不過，這名委員會主席很喜歡查理，向他提出了一個頗爲實際的建議——這項建議對於個性保守的人可能並不合適，卻正中查理下懷。「他說：『孩子，你上的醫學院很好，你也接受了良好的實習醫生訓練。你就直接開工好了。』於是我無照執業了一整年。」查理實事求是地回憶道。他再一次地賭上自己，他賭贏了。

一如原先的承諾，查理回到堪薩斯城後，萊爾．威利茨爲他在診所騰出一塊空間，並且「還丟給我幾個病例」。但是查理大部分都是自己去找病患，以支撐他作爲新醫生與新婚的生活。他還收到一些綜合醫院醫生轉介的病人，因爲他們十分讚許查理擔任實習醫生時的表現。隨著時間推移，他透過口碑增加了一些病人，但是建立醫療事業是一個緩慢的過程。

在交往期間，查理與蜜德莉想必會在他們難得空閒的夜晚到新建的鄉村俱樂部廣場人行道上散步。這座魔幻的西班牙風格建築有寬闊的人行道與進口的噴泉，是美化市容運動的一大成果。市容美化是一項全國性的運動，主旨是以景觀公園、成排的花壇、綠意盎然的大道與紀念性建築來改造與美化那些在十九世紀興起、滿是塵土與泥濘的小鎮。在當地報紙編輯威廉・瑞克希爾・尼爾森（William Rockhill Nelson）的帶領下，堪薩斯城積極響應此一運動，最終可以宣稱市內的噴泉數量之多在全球僅次於羅馬。鄉村俱樂部廣場所在之處原是一座養豬場，如今則是美國首座在中央商業區之外特地規劃的購物中心。該廣場容許汽車進入，但設計目的實是提供行人散步與瀏覽商品櫥窗的場所。像查理與蜜德莉這樣手頭緊的年輕情侶，可以在這裡漫步與歡笑，消磨一整個晚上，或許還會在保齡球館稍作停留，或者吃個冰淇淋。

在廣場附近，易釀水災的布許溪（Brush Creek）對面，查理不禁注意到一棟九層樓紅磚公寓大樓，附有義大利風格的塔樓，相當優雅。其開發商想仿照紐約曼哈頓中央公園旁的壯麗樓房，不論是否達到這個目的，塞瑞納別墅（Villa Serena）確實是堪薩斯城一九二〇年代具有代表性的建築物。查理的另一位姊夫參與了這項開發計畫，他送給查理與蜜德莉的結婚禮物是免費入住塞瑞納別墅幾個月，享受它華麗的大廳、美髮沙龍、女僕服務，還有熱點牌（Hotpoint）家電產品（可是沒有空調設備，查理經常說起當時炎熱潮濕又漫長的夏季夜晚，他和許多住戶都會帶著折疊床到公寓樓頂的戶外睡覺）。

由於擔心租金超出預算，查理挑選了一戶最小的公寓。他接著建議大樓的管委會可以爲住戶增加一項服務：在上班時間之餘隨傳隨到的家庭醫生。對查理來說，塞瑞納別墅不僅是他喜愛的住所，也是吸收潛在新病人的好地方。大樓管委會很高興地採納了他的建議。

若說查理現在終於獨立自主了，其實並不正確。他老早就是靠自己了：他八歲時從戀童癖者的夏令營返家，逃下火車徒步走了好幾英里；他十六歲時駕車在崎嶇不平的道路上橫越半個美國，然後又跳上貨運火車返家；他藉由收音機自學成爲了一位樂手，將這個小小的事業發展成大學教育和環遊半個地球的航行之旅；他接生嬰兒，看著病人嚥氣，將自己的血液輸入一名芝加哥黑幫分子體內。我開始相信查理的天賦是他對一種存在主義觀念的自然理解和接納，也就是我們終歸是一個獨立的個體。我們詢問、我們學習、我們徵詢意見、我們評估，但當我們最終付諸行動時，是出於自己的行動。

即使我們不是眞的「靠自己」，我們最好也在思考與行爲上如此表現。我說的不是自私、自戀或是疏離。我說的是，表現得像是我們有自由去做出正確的選擇，而不是錯誤的。我們「靠自己」來獲得力量去做出犧牲、去愛、去原諒。我認爲查理自然而然地認知到每個人的人生都會遇到挫折與阻礙，有的特別艱難，有的毫無公平可言。但是永遠都會有一些自主的空間，不論它是多麼的狹窄。在這個空間內，我們是全然獨立的。

當然，更常見的含義指涉的是跨越青年與成年人的無形界線的那個時刻。我們會說：他現在靠自己了，他已經獨立了。那個時刻可能是事業的開展、一個家庭的建立，或者是與一個愛人結婚。這也就是一九三〇年時，年方二十五歲的查理。他是一位醫生，留著參差不齊的鬍鬚——富麗堂皇的塞瑞納別墅的家庭醫生。他擁有年輕貌美的妻子與豪華建築內的小公寓。他獨立而自主⋯⋯

然而，之後整個世界都將與他反目。

翻開月曆，這是一九三〇年。

不論我們在歷史課學到什麼，一九二九年的股市大崩盤並非僅是一天的事。在一九二九年的整個秋天，股市都是劇烈震盪，當時也正是查理的實習接近尾聲的時候。股市在十月底重挫，接著出現反彈，彷彿又要開始上揚。在查理開業行醫之際，許多人都還認爲股市的大跌只是下一波漲勢前的回檔。樂觀的經紀商都表示這只是一次「修正」。

但是這並非修正。到了一九三三年，美國平均一年的工業生產總值蒸發將近一半。國民生產毛額折損了三分之一，失業率則是上升超過百分之二十。大蕭條就像一團憤怒、令人窒息的烏雲，當頭籠罩查理的事業長達十年。查理這批出生於一九〇五年左右的世代，都年輕得還來不及在咆哮的二〇年代賺到什麼錢，然而大蕭條卻對他們多年來的打拼與事業造成重擊。

一次到對街拜訪查理時，我們聊起了——應該說是查理負責說話，我則是洗耳恭聽——一九三〇年代初的醫療費用，那正是查理展開事業的時候。他立刻就能說出收費的標準：到醫生診所看病是兩美元、出診是三美元、下班時間出診是五美元。但是他了解這只是表面而已，因爲大部分的帳單都收不到錢。他可以開口要求收費一百萬美元，但是實際上又能拿到多少？「在大蕭條最嚴重的時期，」查理說道，對於堪薩斯城的許多家庭來說「即使是五分的車票錢都拿不出來。」在這樣的情況下，他向病人要求收費「兩美元」或「五美元」又有什麼意義？反正他們連五分錢都拿不出來——不是比喻，眞正是連五分錢都沒有。

查理經過多年的努力才走到事業的起跑線，然而他現在卻要和有史以來最嚴峻的情況賽跑。就和在大蕭條中掙扎求生的其他人一樣，查理也變成了一個專業的交易商。如果某人擁有一家加油站，查理可能會爲他治療疝氣，換來幾桶汽油，或是一組折扣價的新輪胎。如果病人有一座雞舍，他可能會用雞蛋來支付診療費。「有些人會拿一些怪東西來付診療費，」查理回憶。「我還記得有一個傢伙，他在鄉村俱樂部廣場賣保險，混得很不錯。但是大蕭條毀了他的生意。他得了肺炎，我到他家爲他治療，後來他康復了，對我說：『我沒有錢付給你，但是你願意接受一套《大英百科全書》嗎？』」

查理看著那套皮面精裝的《大英百科全書》優雅地立在書架上。查理需要的是現金，不是參考書。但這套百科全書也是聊勝於無。「我說：『好吧，隨便啦，』然後就拿走了這套書，因爲這是我治癒他非收不可的診療費。不過其實我並沒有治好他，是大自然將他的肺炎治癒的。」

從一九三〇年代的低谷中發表的一篇學術論文，針對多座城市數以千計的病人進行調查，結論顯示醫生與其他的健康照護提供者面臨「提供免費服務的問題……規模之大是其他領域所從未見到的。工廠經理在不景氣時可以通過裁撤生產力低落的部門、引入節省勞力的設備來進行精簡，或者是使出最後一招，關閉工廠等待景氣回升，」這位作者寫道，「然而醫生與醫院的主理人卻沒有這樣的迴旋空間。儘管付錢的病人銳減，免費服務的病例大增，業務依然必須照常運轉。」

每當我們談到那時候的情況，查理總是堅稱他不在乎：他當一名醫生是出於使命感的召喚，並不是想發財。但這也不會讓情勢變得好過一些。他粗略估計他的出診有百分之四十左右都無法獲得任何報酬——既沒有錢也沒有物品。「你經年帶著帳簿，但是他們就是不會償還。」他對那些債務感到無奈。

有的時候，在查理看完病人後，他們的家人會邀請他一起用餐。他告訴我，城裡另外一位醫生就從來不坐等別人的邀請，只要進入病患家裡，他就會逕直走向食品儲藏櫃，或是擅自打開冰箱，絕不會空手而回，在離開前總要先吃點或是帶走一些東西。

但是行醫不能只靠以物易物，因爲還有固定的支出。醫生需要汽車代步。

根據那篇論文，一九三〇年代的醫療大多是醫生去到病患家中。由於他們大部分的時間都在路上奔波，普通的車子並不符合他們需要。「作爲一位醫生，你需要一樣東西——一樣你必不可少的設備——裝在你車上的聚光燈，」查理說道。「每一個醫生，只要一買了車子就會立刻裝上聚光燈，就是消防車與警車使用的那種。你能想像我們晚上穿梭於大街小巷去找病患所住的門牌號碼，卻沒有燈光照明會是怎樣嗎？」

「我是說，那是不可能的，」查理繼續說道。「你光是找門號就會花掉大半個晚上。我們知道城市裡的每一條隱密小巷。如果你想找某個地址，去問醫生就對了。」

由於手頭緊，父母在孩子生病時都竭盡全力不要求助於醫生。查理記得有次他去看一位病了整個冬天的男孩。他的父母一再拖延就醫，希望他們的兒子能夠自行康復。查理甚至還沒把車停好就已猜想到是扁桃腺發炎。

他進到這個陌生的人家，打量屋內的老小，希望能夠找到一個可以充當助手的人。即使是最簡單的家庭手術也需要兩個人來進行。只消幾分鐘的時間，查理就可以訓練某個看起來勇敢的哥哥或是阿姨來擔任麻醉師，慢慢地將乙醚滴入一個罐子裡的棉花上，這個罐子連接到一個呼吸面罩。在乙醚的作用下，病人會昏睡過去，要讓病人維持昏睡，就需定時再滴幾滴乙醚到罐子裡。

查理找到一位願意幫忙的助手，他解釋完麻醉設備，然後開始滴入乙醚。病人昏睡在餐桌上，一切都很順利。查理伸手到袋子裡去拿他的鐵絲套環——以鋒利的金屬絲製成的套環，用它來套住感染的扁桃腺體。當線圈拉緊，鋼絲就會將扁桃腺體切除下來。

但是就在這個節骨眼，他卻找不到鐵絲。

查理翻遍了袋子，還是沒有找到。

他新徵召的助理又滴了幾滴乙醚到罐子裡，以充滿期待的眼神看著查理。查理無法想像如果現在中止手術會出現什麼情況。就在絕望之際，他注意到飯廳的牆壁上掛了一幅畫。一幅畫……

掛畫用的**鐵絲**。

他取下這幅畫，摘下畫框後的鐵絲，置於火上片刻進行消毒。他將鐵絲做成套環，套在病人的第一個扁桃腺體上，然後拉緊。隨著一小塊血肉模糊的腺體切除下來，鮮血也立刻湧出。查理對第二個腺體如法炮製，待血流停止後，他也功成身退，打道回府。

聽這個故事的時候，我腦海中浮現一個景象，查理在手術後將捲起的袖子放下來，穿上外套，啪地闔上他的皮包，昂首闊步離開這戶人家。扁桃腺成功切除了，病人在床上安然昏睡著，那幅畫正面朝下地放在餐櫃上，等著纏上新的鐵絲。這是一次值得紀念的機智手術——不過絕不是他最艱難的扁桃腺切除手術。

據他所說，最困難的那次是他來到一戶很多小孩的人家，其中一個生病了，其他的沒有不舒服。由於阮囊羞澀，那對父母有些不好意思地問查理，如果一次將所有小孩的扁桃腺切除能不能打個折。

像這樣的案例，「第一個手術都很輕鬆，」查理告訴我。他的意思是第一個孩子——生病的那個——會同意爬上餐桌接受手術。但是其他小孩看到手術之後都會嚇壞了，「實在很難把他們捉過來。」

接生嬰兒是一大收入來源，尤其是聯邦政府在大蕭條高峰時期通過一項法律，針對到別人家中接生的醫生每次給予二十五美元的補助金之後。若沒有醫護人員在場，孕婦與嬰兒的死亡率都高得嚇人。發放補助金的目的是鼓勵孕婦在生產時請醫生過來接生，就算身無分文也沒關係。查理很快就數不清他接生了多少嬰兒，但其中有一次讓他到今天還是津津樂道。

他曾經和我提過她。「當時人們手上都沒有現金，根本負擔不起去醫院的費用。」他先如此說明當時的背景。當他抵達一戶人口眾多的家庭時，他發現一位年輕女性正要生產，但是他覺得有些不對勁。她看起來孕期並沒有足月。「我順利幫她接生，但是嬰兒體重只有兩磅，」查理回憶。「她是早產兒，我不認爲她能活下去。」他繼續說道。「當然，那時候還沒有兒科加護病房這類設備。不過我知道醫院會怎麼做：他們會把嬰兒安置在一個溫暖的地方，然後順其自然。但是這些人都太窮了，上不起醫院。於是我找來一個鞋盒——就是普通的鞋盒——鋪上棉布，把嬰兒放進去。我們在旁邊放了一盞燈以保持溫暖，然後我用滴管餵她喝牛奶。」

「結果你知道嗎？當她五歲時，我還切除了她的扁桃腺！」

查理以其特有的個性將這一切都視爲一場冒險。他回憶起當他搬進富麗堂皇的華廈時有多麼興奮。**懷特醫生**，伴著他的新婚妻子以及他的新事業，一切都是那麼美好。「我想爲我的朋友，也就是其他的實習醫生辦一場派對，」他說道。「其中一位醫生是綜合醫院實驗室的主管，他爲我弄來一加侖的酒精。當時有禁酒令，不過沒關係。濃度百分之百的酒精！但是我沒有飲料可以拿來調合。」

「有一個病人還欠我二十美元。我於是打電話給他。我說：『我剛剛結婚，想要辦一場派對，我需要錢買一些調合飲料，你能還我錢嗎？』他還了，他立刻就付了我二十美元，我也買到了材料，我們所有人都有調酒可以喝，我們開了一場很棒的派對。」

有人說，在禁酒令期間堪薩斯城沒有一人因爲釀造與販賣私酒而被定罪。堪薩斯城的老大湯姆．彭德格斯特以建設與恐嚇的兩面手法來治理這座城市。有的時候，老大會展現出一副爲民謀福利的好政府形象。他知道選民都喜歡平坦的道路，於是指派哈利．S．杜魯門法官（Judge Harry S. Truman）負責監督公共建設，幫助數以千計的失業市民就業——同時也開啟了杜魯門的政治事業。不過彭德格斯特更為典型的作風是與黑道頭頭強尼・「約翰兄弟」・拉齊亞（Johnny "Brother John" Lazia）之間的勾結。拉齊亞來自紐約市，在一次大戰期間，他因一項特殊的能力受到老大的青睞，即是在大選日能夠拉來大批義裔美人的選票。在其他時間，拉齊亞則是用他日益壯大的地下酒吧與賭場帝國穩定貢獻回扣。

拉齊亞的勢力日漸強大，他甚至在警察總部有一間小辦公室，而且聽說他握有聘僱與解僱警察的絕對權力。當要指派警官調查堪薩斯城小義大利區頻繁的槍擊事件時，這項特權就派上用場了。小義大利區槍械橫行，查理還在綜合醫院擔任實習醫生時，就曾親眼目睹一樁槍擊案。

「我當時正去病患家裡出診，」他正在值救護車班，查理回憶，「一位在小義大利區的婦女得了肺炎，我在為她檢查過後決定要將她送到醫院，於是把她放在擔架上，我抬著擔架的一頭，司機抬著另一頭。我們來到門口，就在大街邊上，這時衝過來一輛黑色大轎車，裡面伸出一把機關槍，就在我面前射殺了一名男子，然後揚長而去。」

「我看著救護車司機說：『你知道——這人比她更需要送進醫院。』於是我們又把她抱回床上，再把挨子彈的傢伙拖上救護車。我們火速趕回醫院，我坐在後廂，一路上試著跟他說話。但是那人只會說義大利語，而且也沒說幾句話，因爲他在路上就嚥氣了。不過司機是義大利人，我問他那人是否有說到是誰開槍的。他看著我，好像我是一個瘋子，然後說：『我什麼也沒聽到！』」

司機的做法大概比較明智，因爲拉齊亞是一名膽大妄爲的黑幫分子。他黑白兩道通吃。一九三〇年代綁架罪行氾濫，甚至連時尚巨頭妮爾・唐納利（Nell Donnelly）都在她豪宅前的車道和司機一起被人擄走，（據說）是拉齊亞拯救了這位身分顯貴的受害人。約翰兄弟把話放出去，沒過幾個小時唐納利安然回到家中，無需付出分文贖金。在堪薩斯城，有人說拉齊亞的勢力甚至超過聯邦調查局（ＦＢＩ）——至少有一段時間是這樣的。一九三三年，聯邦探員與黑幫分子在聯合車站的停車場爆發激烈槍戰，拉齊亞利用他與警局的關係阻撓官方對此案的調查。

查理無意惹麻煩，因此年輕的懷特醫生在約翰兄弟北邊的地盤還頗受歡迎。他告訴我，一個晚上他回應呼叫，到小義大利區爲一名孕婦接生。他來到一棟公寓，爬上三樓，發現屋內擠滿了緊張的親戚，孕婦卻是舒服地躺在那兒休息。查理檢查後發現孕婦子宮收縮的間隔還很長。「儘管她離分娩還有一段時間，你還是得待在那裡，因爲沒有護士在旁邊照顧她。」查理解釋。

他依照慣例打量屋內，找到一位看來還相當可靠與鎮定的人。他吩咐這位臨時找來的助理注意孕婦的情況，自己則是下樓回到車上小睡片刻。他表示，等孕婦的陣痛達到了一定的間隔時間，就要去把他叫醒。

「大約凌晨兩點的時候，」查理回憶。當晚相當溫暖，查理把他福特 A 型車的車篷放下來，縮在後座很快就睡著了。但是他忽然又被驚醒——並非有人來告訴他孕婦要生了，而是「兩個小鬼在偷偷卸下我車子的輪胎！我猜他們沒有看到我躺在後座，我跳起來時把他們嚇得以爲看到鬼了，馬上抱頭逃走。」

查理在這附近小有名氣。「那年頭，診療是一件非常私人的事情，」他表示。「如果你是一位家庭醫生，你會進入他們的家中，與他們一起用餐，你熟知這些人，也知道他們如何謀生。」他尤其熟識某一個黑幫分子的家庭，在那人入獄之後。「因爲逃漏稅還是什麼事情，」查理揮著手說道，這名黑幫分子家中只剩下他生病的女兒，查理於是擔負起照顧她的責任，而且在她父親坐牢期間沒有發出任何一張帳單。「他沒有錢，我也沒有向他收費。」

後來查理又要舉辦一次派對，他想起這位道上朋友與他生病的女兒。這名黑手黨成員已服滿刑期，回到街上。「我需要一些派對娛樂，」查理回想著。「我打電話給他。我問『你能幫我弄一些娛樂設備嗎？』他回答『沒問題』——他派了一輛卡車過來，上面載著一台彈珠台與吃角子老虎機。」

派對非常成功，大家都愛打彈珠與吃角子老虎，玩得不亦樂乎。第二天早晨，查理打電話給那人，請他把兩台機器載回去。「我說：『強尼，我們玩得很開心，來把你的吃角子老虎拿走吧。』他說：『醫生，兄弟們說讓你留著。』」

這名黑幫分子準備掛上電話。

「我說道：『等一下，強尼！』」查理可不想欠下黑幫分子的人情，那一刻他想像的是某個晚上去出診，卻發現是他的「朋友」要他幫忙掩飾一樁謀殺案的情景。

不過這位吃角子老虎的贈送人並不肯退讓。「他說：『啊，醫生，你留著就是了。』」查理最後收下了，不論他是怕堅持拒絕可能會得罪黑幫，還是決定把強尼的感激認定為單純的美意——儘管這次派對本身在道德上並非清白無瑕——總之七十五年之後，我親眼看到這台吃角子老虎還放在查理的地下室。

查理的故事幾乎總能獲得證實。

在另一次到小義大利區的出診，蜜德莉決定也跟著去，查理上樓看診時，她就待在車內等候。他正在替病人做檢查時，依稀聽到屋外的吵鬧聲。他側耳傾聽，察覺那是汽車喇叭聲。

是他的車子喇叭聲。

他趕忙衝下樓，發現蜜德莉嚇得直按喇叭，車旁有兩個男人扭打，拳頭不時揮過引擎蓋上。蜜德莉說她還以爲查理永遠不會出來了。從查理的觀點來看，他爲蜜德莉解圍的次數愈來愈多——而且不只是打架的陌生人而已。她彷彿在與他們兩人都無法理解的惡魔搏鬥。婚姻生活像一道謎語，而他們缺少解謎的鑰匙。

在大蕭條時代做一位剛開業的醫生妻子，絕不符合任何一位青春少女的美好想像。蜜德莉的丈夫鮮少在家。查理把他的全副精力都放在工作上。每天上午他在姊夫的辦公室看病，下午則去出診，整個晚上也都在待命。在此同時，還要充當整座公寓隨傳隨到的家庭醫生。儘管這麼辛苦，查理賺的也不多。他賺到的是幾個紙盒的雞蛋、幾桶汽油、吃角子老虎機，還有一套舊百科全書。

我想像著她的寂寞。蜜德莉很早就離開雙親，隻身來到放蕩不羈的堪薩斯城生活——她必定是懷著滿腔熱情的年輕女子。然而她現在的情況是：已婚、無聊與孤身一人。我在查理的相冊中看到一張快照，照片內是他們兩人一起釣魚和野餐。不過，一九三〇年代的相片與現在有不同的意義。那是在智慧型手機與一口氣可以拍下數千張相片而不需要更換底片的科技問世的很久之前，膠捲底片相當昂貴，每一張都很重要。沒有人會在平日生活間拍照，拍的都是特別的場合。因此當我看到查理相冊中的那張相片——一張黑白相片，一個世紀前的斑駁陽光灑在溪水上，他們在溪畔野餐，查理一派輕鬆，蜜德莉則是巧笑倩兮——我開始猜測他們這樣快樂的時光並不多。

查理很少談起他與蜜德莉的婚姻。不過隨著我們的交情日益深厚，開始會分享所有快樂與痛苦的時刻，他偶爾會向我透露那幾年的婚姻生活有多痛苦難耐。有的時候，他回家發現她心神恍惚；有的時候，在工作一整天後卻發現她不見蹤影——而他完全不知道她會在哪裡。查理告訴我的兩件事，在在顯示當時的情況變得有多糟。

第一件事是查理告訴我，他很早就發現他的妻子精神不夠穩定，不適合養育子女。他們兩個當時正值生育的黃金年齡，但查理從那一刻起就確保著他們不會懷上孩子。查理並沒有對我細說，但是身為醫生，他比一般人更懂得排卵期與避孕的方法。然而他的決心並不能緩解蜜德莉的孤立與寂寞感。

第二件事是蜜德莉曾多次到門寧格家族診所（Menninger Family Clinic，主要從事心理治療）就醫。該診所位於堪薩斯州的托皮卡，堪薩斯城以西約六十英里的地方。

在那個精神治療方法陳舊、甚至粗暴的年代，門寧格家族可以算是一方先驅。他們的診所是一座洋溢田園風情，恬適幽靜的大型農舍，著重在治療與休養，而不是監禁。診所中的每一位工作人員，從清潔工到高級主管都受過培訓，成為療程的一部分。患者有時會在這裡住上好幾個月。該家族的門面人物卡爾・門寧格（Karl Menninger）每月會藉由《女士之家雜誌》（*Ladies' Home*

Journal）的專欄與全國讀者分享他的專業心得。

當蜜德莉從診所回來後，她看來穩定了一些——但是沒有維持多久。家裡的情況沒有改變。查理依然沒日沒夜地工作，病人也依舊付不出醫藥費。蜜德莉依然是個反覆無常的年輕女子，還沒怎麼脫離自己的孩童階段。假如她有想要孩子，查理則是太敏感、太謹慎、太成熟到不會讓這件事情發生。又或許是父親早逝的傷痛太深，令他不願把孩子帶進這樣一個充滿不確定的世界。但是對蜜德莉來說，回到家裡就等於回到沉悶與孤寂之中，回到湯姆·彭德格斯特手下醉生夢死的城市。

換句話說，蜜德莉暫時不再酗酒，但從未眞正停止。談到那段歲月，查理承認他感到深深的無能為力。我想這對查理而言是一切事情中最難以承認的。

當彭德格斯特一夥人得知城裡有一位年輕的醫生——一個蓄了鬍鬚讓自己看來成熟一點兒的傢伙——竟大大方方承認自己是共和黨人，查理的麻煩就更多了。查理出生於伊利諾州，共和黨的地盤，儘管他的先祖是南軍士兵。彭德格斯特的手下透過一個半官方的管道告誡他，如果他想保有在綜合醫院的病人接收特權，他最好更換政黨。查理拒絕了。對方又傳話給他，說如果他能將他一部分所得捐出來——像所有的市政府雇員一樣——彭德格斯特一幫人或許能容忍他的投票傾向。

查理再次拒絕。

醫院的回扣惡行太過猖狂，最終演變成醜聞。但是對查理而言其實很簡單。他不會受威脅所迫，然而他爲了堅守原則也付出高昂的代價。他在綜合醫院的轉診特權遭到撤銷，急迫地與其他的醫療機構進行聯繫。他最後和聖若瑟醫院（St. Joseph's Hospital）搭上線。這座醫院是一棟有三個側翼的紅磚建築，形狀像是字母Y，一排弧形拱窗沿著最高層樓的簷口下展開。聖若瑟醫院座落在查理童年老家以東不過幾個街口的位置，是另一個他小時候看著它慢慢蓋起來的地標。堪薩斯城稱之爲「歷史」的事物，卻是查理口中的「生活」。

美國人民直到一九三三年阿道夫・希特勒（Adolf Hitler）在德國掌權之後才開始警覺世界大戰可能再次爆發的威脅。孤立主義人士希望能夠逃脫此一噩運，堅稱美國在歐洲沒有利害關係。但是隨著時間的逝去，這樣的觀念也日益受到侵蝕。列夫・托洛斯基（Leon Trotsky）在一九三〇年代末的一句名言揭示了當時的局勢。這位俄國革命家預言道：你也許對戰爭不感興趣，但是戰爭對你有興趣。

對於查理，戰爭對他展露興趣的方式是「一位陸軍代表來到醫院表示，『我們要將聖若瑟醫院收編爲一個單位，如果我們要打仗，你們會作爲團隊一起上戰場。』」這項提案簡單明瞭，而且與堪薩斯城的朋友並肩作戰的想法也很吸引人——如果最糟的情況不可避免的話。

未雨綢繆是應該的。當時美國正值大蕭條，又是史達林與昭和天皇掌權的時代。「於是我們加入陸軍，成爲後備軍人。」查理回憶。不過這支聖若瑟醫院的隊伍什麼都不需要做，既沒有開會也沒有訓練。查理的生活一如往常：一個在大蕭條努力求生的醫生；一個試圖挽救他不快樂婚姻的丈夫。在多年的經營之後，查理累積了許多病人，有將近半數都會準時付帳。

之後，日本侵略東亞。德國在一九三九年占領波蘭，一九四〇年征服法國，並將英國勢力趕出歐洲。聖若瑟醫院的後備軍人受到了徵召。

「不是如他們先前所承諾的成爲一個團隊，」查理告訴我——即使經過了這麼多年，他仍然對於軍方的出爾反爾感到不滿。查理奉命單獨一人到「一座正在奧札克（Ozarks）興建中的醫院報到，其他我現在已經忘了。那是一座大醫院。我跳上車子開到那裡，看到有十五到二十位醫生正無所事事地坐著。」

這些醫生都與查理有同感。這裡根本還沒有醫院，醫生們無事可做。「他們說：『我們根本閒得發慌。他們把我們帶離工作崗位來到這裡，可是他們甚至連醫院都還沒蓋好。』」

查理跑去找指揮官，表達他被徵召過來卻無事可做的不滿。「中尉，」指揮官對他說道，「如果你不喜歡，你可以辭職。」

於是查理辭職了。

「我去到聖路易斯向陸軍辭職，」查理回想。他的平民身分維持了幾個月，直到戰事再次升溫。「珍珠港遭到了襲擊。」

看到來自全國各地的男人與男孩爭先恐後地湧入徵兵處，查理也面臨一個艱難的選擇。他已三十六歲，大可以繼續留在堪薩斯城，與他問題重重的婚姻和不斷增加的病人相伴。他的年輕後輩會遠赴戰場，而他可以接收他們的病人。他的行醫事業一定會蓬勃發展。或者他可以再度從軍，讓他的病人落到仍留在後方的醫生手上。

這項抉擇說到底是一個攸關自尊的問題。「我認爲我自軍隊辭職是一個懦弱的行爲，」他說道。於是他選擇再度回到軍中。「我申請加入海軍，但是海軍說：『你的眼睛不夠好，我們不能要你。』我想不通一位醫生爲什麼要有完美的視力，但是他們說不行就不行。」

「我又去找陸軍航空軍，他們立刻就收我了。我甚至還升官了。我辭職時是一名中尉，現在他們把我升爲上尉。」

Chapter

08

當查理退出軍隊時擔心自己「懦弱」，這點頗耐人尋味。他的人生故事中並沒有什麼地方顯示出他缺乏生理或心理上的勇氣。恰恰相反：從童年時跳上電車的遊戲到騎在火車頭的冒險經歷；從向西北大學院長自我推薦到爲重傷的黑幫分子進行實驗性的輸血，一次又一次地顯示出查理的本能衝動是去克服任何潛在的恐懼，去採取行動與抓住機會。當然，入伍當兵牽涉到風險。但是作爲一位醫生——即使是戰時醫生——多半也不會比在強尼・拉齊亞控制下的堪薩斯城夜間緊急出診危險多少。

隨著我知道得愈多，思考愈深入，我了解到查理所說的大概不是身體上可能受到的危險。離開堪薩斯城去爲國效力的最大風險是對他的事業構成威脅，也可能對他勉力維持的婚姻造成影響。離開給薪工作或賺取固定薪資的職位去參軍相對單純，士兵的僱主可能在戰爭結束後重新聘用他，或者有別家公司會僱用他。我的祖父就是這樣的情況，他從軍參加二次大戰之前是火車站長，他可以相信這份工作或是類似的工作會等著他回來。可是查理沒有僱主，他是靠著收取病人的醫藥費來維生，如果這些病人去找別的醫生，他就必須重新來過，再一次白手起家。他也不能完全相信蜜德莉會等他回來——不過她最終做到了。

所以我們看到的是查理賭上了他的人生，就某種意義而言，是賭上了他一手打造出來的人生。今天有許多人都能體會他的恐懼。二十一世紀的職涯殺手不是世界大戰，而是數位革命會將整個產業和經濟中的某些領域棄如敝屣、生吞活剝。以我所在的領域爲例：在二〇〇八年，所謂「報社」在印刷部與數位新聞部所僱用的人數是二〇二〇年的兩倍。半個產業在不過十二年間蒸發不見。這種工作大量消失的情況，最大的受害者是在三十歲到五十歲間的人們——正是查理關閉其醫療事業加入航空軍時的壯年階段。相同的故事不斷重演：百貨公司的員工被線上零售取代；股票經紀商被交易平台淘汰；工廠勞工被機器人擠出職場；商店收銀員的位置則被自動結帳系統所頂替。族繁不及備載。

面對這麼多的不確定，自然會感到焦慮，甚至害怕。卽使堅毅如查理，也知道每一種情況都存在不確定的因子。我們卽使是充滿自信，躊躇滿志，手中掌握的也只有自己的選擇。我們永遠不會知道前方有什麼挑戰、阻礙，甚至沉重的打擊。

我在不久前想起了特拉維斯・羅伊（Travis Roy）的故事。他是一位年輕有爲的冰球選手，是北美各大學爭相招募的運動員之一。一九九五年，這名高大俊美的新鮮人入選波士頓大學的先發陣容，尋求衛冕全國冠軍。

首次爲波士頓㹴犬隊出戰的比賽開始第十一秒，羅伊一頭撞上牆板，頸椎斷裂。就在彈指之間，他作爲菁英運動員的生涯就此結束，這是他做夢也沒有想到的。他年輕生涯的頂峰——可望爲他帶來出類拔萃的大學戰績，還有隨後多年職業生涯的第一顆冰球落下——到一切宣告終結，就只花了十一秒。

十一秒！

在極爲實際的意義上，我們都跟羅伊一樣，命運或者變幻莫測的機緣只要輕輕撥動，就會帶來戲劇性的重大改變。我們無法深入思量這樣的情況，但是最好能記住這一點。「要了解這是多麼地短暫……所有的凡塵俗事。」—馬可・奧理略在《沉思錄》（*Meditations*）中如此寫道。在差不多的年代，遠在彼端的西藏，《佛經》也記載了相同的警世之語：

有得必有失
有起必有落
有合必有分
有生必有死

這也就是地球——我們所知唯一具有生命、愛與喜悅的所在——這個珍貴行星上的普世智慧，沒有什麼是永恆的。不論我們繞行太陽的旅程是短暫的，還是跟查理一樣漫長，都只是時間長河中的輕輕擾動而已。與其對一個無人能夠改變的真相感到恐懼而癱瘓，更明智的做法無疑是追求與滋養強大的自我——不論未來發生什麼事情都值得我們信任的身分。我們內心深處的自我，真正的自我。

自脖子以下幾乎全部癱瘓的特拉維斯・羅伊發現自己的天賦不僅在於體能方面，他還擁有樂觀與堅毅的天賦。當他無法再將這些天賦展現於冰球場上，他改以激勵人心的演說來表現這樣的特質，藉以籌措資金來從事慈善事業，並且以一種高貴的姿態來面對挑戰。他的人格魅力與影響力吸引數以千計的人加入他所推動的慈善活動。他於二〇二〇年去世，享年四十五歲，當時我在報紙專欄中寫了一篇文章紀念他：「當羅伊踏上冰球場對陣北達科他時，他無意質問存在的意義。但在十一秒之後，他向我們提出了這一問題。如果撤下所有的粉飾，只留下真正的自我，我會是誰？我是否在每一瞬間都活出了這個自我？而當這一切結束，我的人生故事是否具有意義？」

過去半個世紀多，科學家一直在鑽研恐懼與勇氣間的關係，他們的發現目前大致上證實著歷代哲學家的智慧。心理學家史坦利・傑克・拉赫曼（Stanley Jack Rachman）在其開創性的著作《恐懼與勇氣》（*Fear and Courage*）中歸結道，恐懼有三項成分：擔憂的感受、生理反應（例如心跳加速、胃部翻攪以及焦慮糾結），以及爲了擺脫恐懼與安撫這些反應而出現的行爲改變。拉赫曼接著指出，勇氣，是一種爲了改寫恐懼而做出的刻意決定。一個勇敢的人是面對恐懼，不是逃避恐懼。

換句話說，沒有恐懼就沒有勇氣可言。一個人若是沒有感受到危險，自然就無所憂慮。無所憂慮，也就無意逃避。拉赫曼做出結論：沒有恐懼，並不代表勇敢，而只代表對危險的無知。

斯多噶學派的哲學家視勇氣爲最重要的——基本的——四大美德之一，與正義、智慧和節制並列。其他較爲次要的美德則是由這四者衍生而出。勇氣意味選擇正確道路的意志，即使這條道路充滿艱難、令人卻步；追求這條道路的勤勉；恪守這條道路的忠誠；以及承受與克服所遇見的一切困難的堅韌。

當查理表示他擔心自己「懦弱」時，我想他是指在某一瞬間他失去了這種斯多噶式的勇氣。他了解世事無常，但他一時之間從這樣的認知中退縮了。不過他很快就恢復了原有的鎮定。當查理把整件事思考透徹，他意會到即使遠離戰爭、待在家中也不能保證什麼。命運的其他轉折一樣可能會輕易毀了他的事業或是他的婚姻——或兩者。就像他童年時無法控制他的父親是否會活著回家一樣，他無法控制成功是否到來。但是他可以做出正確的選擇，而此刻這意味著自願從軍，在戰時爲國效力。他所能做到的，就是做正確的事情，然後相信會有一個好結果。

結果眞是如此。

在查理出生前不久，奧維爾・萊特（Orville Wright）進行了首次飛行，在強風吹拂的北卡羅萊納沙丘以機械動力飛行了十二秒，共一百零二英尺。一九〇五年十月，查理還在襁褓之際，奧維爾的哥哥威爾伯（Wilbur）首次完成眞正的飛行，意思是他飛行了相當長的距離（超過二十四英里），而且準確地在預定的地點起飛與降落。世界因此而改變。不過十幾年的光景，轟炸機就在歐洲四處散播死亡。到了一九三〇年代，飛機已成爲行使無差別暴力的工具。由於嚴正意識到世界即將捲入另一場大規模戰火，而飛機將是其中要角，美國陸軍的工程師開始在國內四處搜尋能夠建造機場與訓練大批飛行員、領航員、投彈手與機械技師的土地，以因應現代戰爭的需求。

他們選擇的地點之一位在猶他州鹽湖城（Salt Lake City）與大鹽湖（Great Salt Lake）之間乾涸的低地。自日本偸襲珍珠港之後，重型機械迅速遍布這裡，不出幾週的時間就建成了一座城市與機場。春天的大風來襲，在當地掀起沙塵暴，嚴重到吉普車即使是在日正當中的時候都得打開頭燈緩緩前行。睡袋、野營餐具、眼睛和耳朵裡都是砂礫與粉塵。查理・懷特上尉就這樣來到塵埃雲滿布的卡恩斯陸軍空軍基地（Camp Kearns Army Air Field）。

「他們正在這裡建造一所醫院，我屬於最早的一批醫生，」查理回憶。「當你入伍時，你要登記所有你曾做過的工作。我列出的事情中有一項是曾施行過麻醉。」

「於是他們說：『你就是總麻醉師。』他們還要我負責管理實驗室，我必須到城裡找一些技術人員加入實驗室。這就是軍方的做法，他們並不在乎你有沒有經驗。我們在培養放射科專家上面碰到很大的困難，至少換了有十到十五個人。我還必須負責確認救護車的狀況，檢查它們是否乾淨與堪用，我同時也是長官的私人醫生。軍隊會一口氣給你一大堆工作。」

珍珠港事件爆發的十二個月後，卡恩斯基地已成了四萬名受訓人員與軍官的家園，在一片異常平坦的空地上突兀地立著一排又一排簡陋的營房。查理的世界是以醫院為中心。這是一所大型設施——有超過一千張病床——但是送來的病例都不怎麼有趣。他所醫治的大部分都是那些健壯年輕人的傷病：割傷、燒傷、骨折、中暑與輕微的肺炎，還有一大堆感染，而且許多都是經由性行爲傳染的。「那個地方，」他說道，「其實挺好玩的。」

第一次聽查理這麼說時，我感到震驚。但後來我卻覺得這是我所聽過最查理風格的事情之一。第二次世界大戰「挺好玩的」。不論何處，查理都能自其中發掘樂趣。在卡恩斯基地，有很多快樂就來自查理的一整本汽油配給券。儘管國家有嚴格限制汽油使用量的規定，身爲基地軍官們的私人醫生，查理擁有愛用多少汽油就用多少的特權。他和他在醫院的同事「逢週末必休」。在鹽湖城的另一側（當時的鹽湖城沒有多大）是風景如畫的瓦薩奇山脈（Wasatch Mountains），在城市的東邊陡峭地爬升。從營地到阿爾特（Alta）滑雪道還不到一個小時的車程。一九四二年的秋天，基地的醫院營運已經上了軌道，山區開始降雪，這些滑雪道也散發出誘人的吸引力。「我要多少汽油他們都給我，」查理笑著說道。「每到週末，我的車子就載滿人一起去滑雪。」

不過，以我觀之，在這段時期最重要的不是查理設法找到的樂趣，而是他面對變革的態度與方法。第二次世界大戰是人類歷史上推動變革的最強力引擎之一。不論是工程、製造、物流、運輸、通訊、電腦運算、物質科學——還是醫學領域，創新都以迅猛的速度發展。在醫學方面，有兩項重大發展對懷特上尉岌岌可危的醫生事業直接帶來衝擊，而他把兩者都化爲自己的助力。

第一項是盤尼西林的大量生產，這是一種突破性的抗生素藥物。一位英國科學家亞歷山大・佛萊明（Alexander Fleming）於一九二八年意外發現了這種異常強大的化合物。他當時是在實驗室培養細菌來進行研究。一天他不悅地發現其中一個培養皿中長出了霉菌。他進一步仔細觀察，發現在霉菌生長的地方都沒有細菌存活。這可謂斯多噶主義的完美體現：佛萊明的實驗顯然是被霉菌毀了，然而他盡力掌握他所能控制的東西——他的專注與他的大腦——因此有了一個更加重大的發現。

此一發現蘊含著深遠的意義。如果醫生可以殺死有害的細菌，他們可能終於能夠治癒許多經常遇到的致命感染，例如敗血症、肺炎與葡萄球菌感染等。

眼前的挑戰是在於如何培育最強效的盤尼西林與進行大規模生產。

令人難以置信的是，這項挑戰竟被眾人無視——「這是醫學研究的恥辱，」科學作家瓦爾德馬·坎普弗特（Waldemar Kaempffert）寫道——在一九三〇年代的大部分時間都是如此，直到大戰爆發。戰爭，這個可怕的感染媒介推動英國與美國政府加速進行盤尼西林的研究，藥劑實驗室很快就開始在巨大的缸槽裡培育這種奇蹟般的霉菌。

對於人類而言，抗生素藥物的問世是一個及時的福音。溫斯頓·邱吉爾（Winston Churchill）就曾提議世人應以宗教式的虔誠來紀念「聖盤尼西林」。不過，與此同時，這項進展也爲醫學實踐帶來革命性的改變，敲響了查理那個時代行醫手法的喪鐘。我們在前面曾聽他說過，查理並沒有治癒疾病的本領——在抗生素降臨之前的時代，沒有醫生能夠治癒疾病。他的本領是他的「床邊態度」，一種結合專業知識、普通常識、仁慈與自信的態度，來安慰患者與鼓勵家屬，等待自然免疫功能戰勝（或是不敵）病魔。居家出診的全科醫生不是靠著藥丸或打針來治癒病患，而是依賴家中成員在他們離開後繼續依照他們的指示看顧病人。全科醫生是集合保健教學、激勵打氣與哀傷撫慰等功能於一身的角色。

當盤尼西林出現，此後的醫學變成以治療與程序爲重，不再是照料與安慰。從此以後，醫學再也不願將就於大自然的進程。查理警覺到這些變化的徵兆，預見未來的醫生再也不會是提著皮包出門看診的全科醫生，他們將是選定一套治療程序的專科醫生，以治癒病痛爲業。即將到來的，將是特定專業知識掛帥的年代。

我在前面提過有兩項重大發展，這裡就是第二項要登場的時候了。

戰爭與戰爭的極端暴力，長久以來一直是疼痛管理、救生術與手術技巧的實驗場。第二次世界大戰爲止痛藥與麻醉藥的使用帶來轉型。查理的一九三〇年代診療包裡裝的是一瓶乙醚與一個用來吸入的罐子。如我們之前所看到的，病患的家屬可以在幾分鐘之內就學會操作，並不需要什麼專業。

這就是當時最先進的技術。在一九三九年之前，美國根本就沒有所謂經過認證的麻醉科專家。外界捐錢給哈佛來發展此一專業，資金卻被轉用於其他相對較受尊重的領域。梅約診所（Mayo Clinic）的約翰・S・倫迪（John S. Lundy），有時也被稱爲「靜脈麻醉之父」，回憶在二戰之前「只有在全科或是其他分科表現不佳的醫生」才會攻讀麻醉醫學。可以說是醫學事業的死胡同。

戰爭創造了多種止痛與疼痛阻斷的技術。創傷外科的進步促成氣管導管的加速使用，得以打開患者的氣管、支持呼吸與施行麻醉。醫師們也改良了硫噴妥納與靜脈注射麻醉藥物的使用。他們了解到局部和區域性阻斷劑的價值，可以在不讓患者進入完全昏迷的情況下消除身體某部位的疼痛感。

這些令人頭暈目眩的變化實在來得太快，美國戰爭部因此委任倫迪的一位同事，拉夫·多維爾（Ralph Tovell）來調查對麻醉科專家的需求。他在一九四二年十月提出報告——也就是查理正在探索阿爾特滑雪道的時候——迫切建議讓所有類型的軍醫都接受麻醉訓練。多維爾並且現身說法，在歐陸戰場對醫院人員進行了兩小時的麻醉技術講座。至於國內，美國國家科學研究委員會（National Research Council）召開了一個包括梅約診所的倫迪在內的專家小組，開辦麻醉科醫生的速成班。

查理在這時候伸出手，抓住了他的未來。

查理加入航空軍時曾提到他在實施乙醚方面的經驗，也因此被指派爲凱恩斯基地的麻醉醫生。現在，隨著麻醉學獲得迫切的大量關注，軍方不但將他升官，還賦予他新任務。查理·懷特少校奉令到內布拉斯加州林肯市的林肯陸軍空軍基地（Lincoln Army Air Field）報到。該機構負責訓練來自全國各基地的人員，將他們編成小隊，再送他們上戰場。「飛行員、副駕駛、投彈手——他們全部都在林肯集合。」查理解釋。他的任務是到新落成的基地醫院主管麻醉科。

「我將成為一個身居高位的大人物，」查理解釋。「但是我說：『嘿，我還沒準備好，你們得先訓練我才行。』我不能拒絕說我不幹，但是我可以說，『你們最好先訓練我。』」

這就是查理在一九四三年來到明尼蘇達州羅徹斯特（Rochester）的梅約診所，進入倫迪部門的緣由。倫迪的研究委員會設計了為期三個月的沉浸式強化課程，著重於實務經驗，旨在將全科醫生訓練成麻醉科醫生。查理在第一批「九十天奇蹟」訓練的學員之列，輕鬆通過訓練，對他學到的先進新知著迷不已。結訓之後，他返回林肯基地，一直待到戰爭結束。

如此這般，查理將改變帶來的威脅轉變為成長的機會。他不再是瀕臨滅絕的全科醫生，緊抓著一個垂死的領域中的不穩定地位。反之，在戰爭結束後，他返回家鄉時將成為一個新興專業領域的先驅——堪薩斯城首批麻醉科醫師，外加梅約診所的認證。

依我看來，這個章節蘊含了查理的人生精髓。現實主義與樂觀主義是強大的結合。有太多人認爲現實主義——看到世界的眞實面，包括其中的痛苦與威脅——等於給予悲觀的回應。他們認爲樂觀派是被蒙蔽的，是波麗安娜（Pollyanna）帶著傻笑盲目地在蒼涼的生命裡穿行。查理是現實的，他明白他提著皮包上門看診的醫生事業已到了死胡同。盤尼西林及其後繼藥物已改變了醫生的角色。不過在此同時，他也樂觀地知道會有新的開始，而且自信能夠把握機會。查理隨時注意著下一道即將開啟的大門，當他看見了，就毫不猶豫地踏進去。

有許多人在不確定的時刻（而其實所有時刻都是不確定的）總想要立刻知道一切的答案。今天的趨勢會如何塑造明天的世界？查理了解我們不是生活在未來，我們是生活在屬於自己的此時此刻，在自身行動與意志下的小世界。我們無法控制明天：這是現實的思維。但是樂觀教導我們可以去期待明天，嘗試了解明天，在時機成熟時勇敢一躍、抓住它——說不定還能塑造它。

查理在一九四一年加入美國陸軍航空軍時，對這件行動會如何影響他的醫生事業懷著某種恐懼不安。他在一九四六年自軍中退伍，熱切地希望開創人生的下一個篇章。「投下原子彈後，軍中不再需要新的飛行員，所以我們只是枯坐在營地，無聊到死。」他回憶。等候退伍令的時間似乎永無止境。查理於是發揮本色，做了他能做的。

「我寫了一封長信，」他說。查理在信中列舉出比起在林肯基地無所事事，他回到家鄉可以做出更多貢獻的理由。他的軍官同袍狐疑著他爲什麼能在「兩個星期內」就獲准退伍。他們既妒且羨地猜測，查理一定與美國新上任的總統攀了什麼關係，畢竟總統也是來自堪薩斯城。「他們說『你一定認識杜魯門，你一定打電話給他了。』」

由此顯示他們對堪薩斯城實在所知不多。事實上，查理是被杜魯門的朋友湯姆．彭德格斯特趕出堪薩斯城綜合醫院的。「不對，各位，我只是寄了一封信，」查理回答。「透過正常管道的一封信。」

不管怎麼說，查理帶著早一步的優勢退伍回家了。

他身著草綠色軍服，配戴著顯示他已擢升爲中校的徽章，從軍營直接去到聖若瑟醫院。他告訴我，在那裡，「我的朋友二話不說就讓我進去負責麻醉。」他在事業中期由全科醫療到專業領域的轉型十分成功。他退伍返家不是回到一條死路，反而是另一道嶄新的前途。

我眞希望當時有想到問問查理在他返家故事中一個失蹤角色的事：蜜德莉。我只能猜想她並沒有耐心等候查理的歸來，因爲他們在塞瑞納別墅的房子已租給別人，而在戰後房屋短缺的情況下，這位租戶也拒絕搬出。查理在海德公園飯店找到一間房暫住，開始四處搜尋出租的房子，幾個月後他終於找到一處可租的地方，他說服租戶搬過去。最終他拿回了他的房子。

蜜德莉在後來某個時間又回歸了，因爲她在查理講述他於堪薩斯城醫學界快速崛起的故事中再度出現。憑藉他的新專業與在戰時的管理經驗，查理很快就成為推動密蘇里州與堪薩斯州麻醉醫學的主要力量。他的事業蒸蒸日上，因為城裡一流的外科醫生都想延攬他進入團隊。在閒餘時間，查理為隨他進入此一領域、人數持續增長的醫生成立了一個職業協會。蜜德莉在狀況好時也會來幫忙，在麻醉科醫生們開會時負責安排妻子們的活動（在那年頭，女性醫生屈指可數）。

但蜜德莉有許多時候都沒有辦法。查理後來得知我也曾經歷親愛的人為精神疾病與藥物濫用所苦，他於是撤除心防向我談起蜜德莉所受的痛苦——與他自己的痛苦。他告訴我，他是如何為了妻子不斷向當時稱為「療養院」（sanitarium）的康復機構求助，包括門寧格家族診所。她去療養院的次數愈來愈多，待在裡面的時間也愈來愈長。「她的情況總是時好時壞，」查理說道。「她會說她『神經緊張』。」

她正式的醫學診斷是低血糖，也就是血液中的糖分不夠，導致沮喪、易怒、喪失記憶、焦慮與定向力障礙。但是低血糖其實是其他問題的徵狀：酗酒，可能還有進食障礙以及巴比妥類藥物造成的病情惡化。

一九四八年初，蜜德莉在家中。查理記得那陣子帶她到古巴度假——「玩得非常盡興」——然後在四月返家，籌辦美國麻醉醫學會區域分會的會議。查理那年擔任當地的幹事，蜜德莉負責接待醫生的妻子們。會議在四月六日結束，當晚在堪薩斯城市區豪奢的總統酒店舉行雞尾酒會與晚宴。

那是非常忙碌的一天。與會醫生們學習著氣管導管對胸腔手術的重要性，終於能夠打開胸腔而不致造成氣胸——這是在戰時發展出來的技術，現在正快速傳播到全國各地，拯救了不少生命。在晚宴上，主講人告誡著觀眾，老式的醫術如今已不適用。

在用餐中途，蜜德莉悄聲告訴查理她有些不舒服。他可以繼續留下來，不過她要先回家。她離開了——但是並沒有回家。當數小時後查理到家時，他的妻子已不見人影。

蜜德莉的遺體是第二天在格拉德斯通酒店（Gladstone Hotel）內發現的，

距離總統酒店大約一英里，而且遠遠沒那麼體面。查理告訴我，她是吞下了致命劑量的安眠藥自殺的。我手上有警方報告，這要感謝我妻子高明的搜索技術。凱倫知道在某處發霉的文件堆裡一定會有這份報告，身為前白宮記者，她堅持要找到為止。

一九四八年四月七日下午三時零五分，堪薩斯城警察局的警官愛爾莫．墨菲（Elmer Murphy）接到一通電話。格拉德斯通酒店的女僕碧翠絲．蓋恩斯（Beatrice Gaines）告訴墨菲警官，她在當天上午八時三十分打開四〇五房的房門，準備進行打掃——但是瞥見床上有一名裸體女性之後立刻又關上房門。蓋恩斯一直等到快下班才回到那間房間，也就是在下午三時的退房時間前不久。然而床上的軀體沒有絲毫動靜。蓋恩斯告訴她的老闆，然後他們就報警了。

接下來，墨菲警官詢問前台職員史蒂芬．杜魯（Steven Drew），他說床上那位女性是在一位男士的陪伴下於前晚七時入住的。這一對男女沒有行李，登記的名字是來自密蘇里州獨立城（Independence）的查理．W．柯勒（Charles W.

Koehler）夫婦。這位職員描述「柯勒」四十二歲，身高稍比六英尺略矮，體重一百七十五磅左右，「膚色較深……有點像外國人。」杜魯並注意到他穿著時髦的褐色西裝。

杜魯值班是到前晚十一時爲止，直到第二天下午二時他才回到酒店上班——也就是女僕發現事情不對勁的前一個小時。所以他沒有看到「柯勒」離開酒店。

凶案組的警探基佛・波瑞斯（Keiffer Burris）奉命前來，並有一位來自綜合醫院的醫生與他同行。醫生檢查了蜜德莉的遺體，沒有發現任何外傷。她的死因被歸類爲「非人爲原因」。第二天報紙的報導則稍微詳細一些：「因低血糖與併發症導致死亡。」如果說房間內有任何藥物與酒精的蛛絲馬跡，警方也可能出於禮貌而沒有在報告中提到。

酒店裡的遺體很快就證實是查理當天上午報警的失蹤人口。我不知道是警方打電話給他，要他趕來酒店，或者他是到太平間去指認蜜德莉。警方交給他兩枚戒指——蜜德莉死時仍戴在手上的訂婚與結婚戒指——另外還有一支手腕上的寶路華金錶。

波瑞斯警探在他的報告中信誓旦旦地表示會「盡力追查查理・柯勒的去向」，但是我不認爲他有積極尋找。因爲沒有任何關於追查的紀錄，我也懷疑查理對尋找這名男子有多少興趣。假設找到「柯勒」，假設他解釋了查理・懷特醫生的妻子是如何從正在享受自己新聲望的丈夫身邊離開，然後和一位穿著體面、膚色黝深的紳士碰面，並很快就被帶進一家廉價旅館。這樣的證詞只會造成查理的難堪，也使他妻子的名聲遭到進一步的詆毀。於是，只有沉默猶如一層毯子般覆蓋著蜜德莉悲傷的一生和陰鬱的死亡。

當查理向我提起他妻子的病，臉上顯露的無助仍沒有隨六十年的歲月淡去。他還能多做些什麼去幫助她嗎？我無從判斷。我只知道門寧格家族診所的治療已經是那年頭能找到最好的了。診所的醫生是最早接受成癮是一種疾病而非道德敗壞的一群人。不過在那個時代，也有所謂的專家仍相信女性不會成癮，尤其一位備受尊重的醫生之妻更不可能。

在那個時代，也沒有一套支持網絡能夠幫助結束治療後返回家中的蜜德莉。匿名戒酒會才剛進入堪薩斯城。它的前身「俱樂部會所」（clubhouse）遠在城市另一端，對查理夫婦而言很不方便，而且就算蜜德莉聽過這個戒酒計畫，也不太可能遇到另一位女性參與者。在一九四〇年代，全國沒有幾位女性參加十二步驟的戒酒計畫。全國第一個提供十二步驟戒癮計畫的機構——明尼亞波里斯的一間診所黑茲爾登（Hazelden）——是到一九四九年才成立。這對身陷困境的年輕醫生妻子來說太遲了，況且她還生活在一個因爲酒而遠近馳名的城市。

查理在幾年後再婚。事後顯示他對此還沒有準備好。不過隨著我對他第二次婚姻知道得愈來愈多——這要再度感謝我的妻子搜尋事物的能力，包括別人認爲已經永遠消失的事物——我就愈希望當初他們的婚姻能夠成功。

或許也未必。人生是一系列的安打、失誤、近似失誤、起跑失敗，以及這一切所造成的後果。如果查理第二次婚姻成功了，他可能就不會買下在我家對面的房子。我也無法欣賞他時髦的高爾夫球桿手杖。也不會看到他爲女友洗車，或者聽到他的人生故事。

儘管我們心中有著期待和計畫，但生活是由偶然推動的。我們不能期待生命中沒有意外。因此，讓我這麼說好了：查理與他的第二任妻子原本可以成爲人人稱羨的一對。

根據查理的說法，當他與珍・蘭迪斯（Jean Landis）邂逅時，他們風華正茂，膽量十足，同樣熱愛生活與冒險。兩人很快就墜入愛河，這在戰後相當常見。人們都急著找回因爲戰爭而喪失的時光。當查理與珍在她父母家的客廳成婚時，他一定認爲這會是一場圓滿的婚姻。

事實不然。

珍．蘭迪斯一九一八年出生於加州，比查理小了十幾歲。她年幼時受到美國大蕭條時期的女英雄愛蜜莉亞．艾爾哈特（Amelia Earhart）的啟發而一心想成爲飛行員。隨著二戰爆發，她的機會也來了。二戰期間有數以千計的年輕男子在空中失去性命，最後已沒有足夠的男性飛行員可以在繼續作戰的同時，又留下足夠的後勤空軍人員在國內移動飛機。對飛行員的迫切需求催生了女子航空勤務飛行隊（Women Airforce Service Pilots，WASP）。這是一個民間組織，沒有軍階也沒有榮譽。但是該計畫讓年輕女性有機會駕駛最先進的戰鬥機——更重要的是，有機會報效國家。

WASP飛行員精通美國軍火庫裡的每一款機型。飛機一架架從裝配線生產出來，她們駕駛著戰鬥機、轟炸機、運輸機，將這些飛機送到海岸，準備運送至各戰區。WASP在戰時有過大約一千名女性飛行員，她們全部加起來共飛行了六千萬英里。她們月薪一百五十美元，其中有三十八人殉職。

我看過珍在一九四四年左右拍的一張照片。她身著巧妙襯托她苗條身材的飛行裝、戴著護目鏡、塗著口紅，站在P-51野馬戰鬥機（P-51 Mustang）的機翼上。野馬是讓盟軍在空戰中制霸的王牌，這架火力強大的戰鬥轟炸機有足夠的航程，可以全程護衛轟炸機隊從基地到目標再安全返航。在跑道的視線範圍內，珍總是冷靜且謹慎地駕著飛機，而當她獨自飛越北美大草原的上空時，她就會像測試飛機性能似地做出各種飛行動作。草原上駕著拖拉機的農人，或是在田野中玩耍的孩童，若是不經意地抬頭，或許就會看到一片空曠的藍天中有一道銀箭倏地急轉彎。那很可能是珍的飛機。

有一天在機場附近，她以無線電請求准許降落。大約就在同時，另一名飛行員，一位男性，通報看到一架野馬戰機正朝機場跑道飛來。地面的航空管制員於是切換無線電頻道，想獲取這架超級戰機的資訊。

珍在此時再度請求降落。

「閃開！」航空管制員對珍咆哮道。「**有一架P-51要進來。**」

「**我就是P-51！**」珍回答，然後將戰機降落在停機坪上。

戰爭進入尾聲，珍最後一次出勤。她在紐約港上空，眼眶含淚，忍不住繞著自由女神像飛了一圈，然後才飛向她在WASP的生涯結尾。

在逾六十年後，美國國會於二〇〇九年將其最高榮譽，國會金質獎章，頒發給珍．蘭迪斯與她在WASP的同僚。由於珍的魅力十足，她在當時活下來的女性飛行員中最享有盛名。但是當她高掛護目鏡，回到平民生活之後，她的經歷也逐漸被人淡忘。她上了大學，取得體育學位，在當時位於密蘇里河畔的帕克學院（Park College）擔任老師。從位於山崖高處的校園中央，可以看到堪薩斯城的天際線向東方延伸。

她不久就認識一位蓄著鬍子、熱愛冒險的失婚男性。當時的她年輕熱情，他則是憂傷謹慎。他們決定閃婚，然而幾乎就是在新婚之後，她發現自己犯下了錯誤。「他的占有慾有點太強了。」她在多年後如此形容查理。

聽到珍對查理的評語之時，查理從他的角度已對我說過不只一次這段婚姻故事。事實上，他一定向別人說這個故事說了非常多遍，因爲他已把那個應是相當令人痛心與失望的結局濃縮成幾個輕描淡寫的句子。他說他的第二任妻子開走他的敞篷車，後車廂還放著他的高爾夫球桿與銀器。「她是一個很棒的女孩，」查理輕巧地說道，但是一個男人又能對一個「女性體育老師」期待什麼？「她其實並不想結婚，」查理做出結論，只不過又補充一句，「她的朋友全都是女性。」

難道他是被一個發現自己犯下錯誤的女同志拋棄嗎？我的妻子覺得需要更多的解釋。她在查理過世後上網挖掘，直到WASP女英雄珍．蘭迪斯的故事跳到螢幕上。一位作者引用她的話時，不怎麼經意地提到她曾與中西部的一位醫生有過短暫的婚姻。

她繼續挖掘，發現珍仍然健在。再挖掘後，找到一個電話號碼。

在凱倫打電話過去時，這位前任的查理．懷特太太正準備過她的百歲生日。珍．蘭迪斯活潑、敏銳，而且很樂意講述她與查理的故事。她在同意嫁給查理後產生了某種體悟——但是她的體悟是與查理有關，並非自身。珍表示，她與查理結婚時沒有意識到與蜜德莉一起生活的期間對他造成了多大的傷害。她本以爲找到了心靈伴侶，而且她很喜歡他。「他是一位紳士，體貼、風趣，非常從容不迫。」

但是查理在他的悲慟中已忘了該如何生活。由於蜜德莉帶來的痛苦，他決定再也不要受到同樣的傷害。珍表示查理無法忍受有一個小時不知道她去了哪裡又做了什麼。「感覺他不信任我。」珍在電話中說道。

她大度地繼續說道：「這也許是我的錯。我是一個非常獨立、能幹的女性。他卻希望我是會與別人的太太一起在俱樂部小酌雞尾酒的那種妻子，但那不是我的風格。我感受得到他處處對我不滿。」

珍說並沒有什麼敞篷車或高爾夫球桿的事。當她決定結束這段婚姻時，她開走的是自己的別克（Buick）。她打電話告訴查理，她要離開了，查理提出可以給她一筆錢，但是珍不需要任何接濟。

「你什麼都不欠我，」她溫柔地說道。

查理再度孤身一人。

Chapter

09

維克多．雨果（Victor Hugo）的長篇小說《悲慘世界》（*Les Misérables*）——是原著小說，不是那部廣受歡迎的改編音樂劇——情節中有一則美妙的比喻。雨果將一個力爭上游的靈魂比作眼睛，會爲了適應黑暗而放大。「瞳孔在黑暗中放大，最終找到光明，」這位作家觀察到，「正如靈魂在不幸中努力奮鬥，最終找到上帝。」

我幾乎沒聽過查理提起上帝。最接近的一次，是他用輕鬆的語調說到他在行將就木之年上教堂是爲了「臨時抱佛腳」。但是那種拓展靈魂，對世界張開雙手來回應不幸的概念，也正是查理面對痛苦的方法中某種重要的特質。眞要說的話，在經歷蜜德莉的悲劇性過世與跟珍．蘭迪斯那段失敗的婚姻之後，查理的生活反而更富足了——這並不是指豪奢的生活，而是指他能夠抓住每一刻的人生經驗，從中汲取美好。他加倍發揮他天性中豁達的特質，他對事物願意一試的傾向：願意去冒險、去實驗、去接受新觀念。查理的生活方式是完整的，而不是支離破碎，由此連結到一種生命力、一種希望的泉源，有些人或許會稱之爲上帝。

我們可以毫不誇張地說，世界爲查理敞開大門。那是在一九五〇年代初的事情，一位名叫沃利．葛拉漢（Wally Graham）的醫生找上門來。葛拉漢有一樁關於國際外交事務的問題需要查理幫忙，問他能否放下手頭工作，緊急趕來秘魯？

容我先說明這件事的來龍去脈。

查理當時是城裡最頂尖的麻醉科醫師之一，一天往往會參與二十床以上的手術。他的名聲響亮，城裡許多名醫都指名要他擔任他們的麻醉醫師，其中最著名的也許就是華萊士．哈利．葛拉漢將軍（Wallace Harry Graham），白宮的官方醫生。葛拉漢是堪薩斯城醫生的第二代。他的父親是抗生素時代之前的全科醫生，同時也是杜魯門的朋友。老葛拉漢與杜魯門曾是美國陸軍預備部隊的同袍，杜魯門當時一直想加入那名醫生所在的手槍射擊隊，但是他的視力實在太差，幾乎看不清目標。

友誼對杜魯門十分重要，即使在一九三五年當選參議員來到華盛頓後，他也一直與葛拉漢一家保持聯繫。十年後，杜魯門成為副總統，他知道老葛拉漢的兒子沃利跟隨父親的腳步研讀醫學，獲得獎學金到歐洲深造，並且在歐戰中表現出色。

一九四五年四月十二日，富蘭克林．羅斯福（Franklin D. Roosevelt）身亡，杜魯門被推上美國總統大位。然而三個月後，在他準備參加與史達林、邱吉爾共組的高峰會議時，這位新上台的總統還在忙著物色他的幕僚團隊。在前往德國柏林附近的波茨坦（Potsdam）途中，杜魯門想到讓他朋友傑出的兒子來擔任他的白宮醫生。當時沃利．葛拉漢仍在歐洲，還沒有退伍，而且已是個有頭有臉的人物。沃利．葛拉漢被叫來波茨坦，但他表示他是外科醫生，不是內科醫生。杜魯門毫不在乎地擺擺手。「我知道你的一切，」杜魯門說道。「我打從你在搖籃裡就認識你了。」

沃利．葛拉漢臉上總掛著和氣的微笑，天生擅長與人聊天，杜魯門很快就發現這是一個可以善加利用的外交工具。杜魯門堅持要英國駐美大使哈利法克斯勛爵（Lord Halifax）到葛拉漢在白宮的辦公室來治療他的病痛。當沙烏地阿拉伯的開國元首伊本・沙烏地國王（King Ibn Saud）爲關節炎所苦時，杜魯門派遣葛拉漢帶領一支疼痛管理小組前往利雅德（Riyadh）去照料國王。

回到現在，秘魯總統曼努埃爾・奧德里亞（Manuel Odria）需要動手術來治療他的爪形手。而葛拉漢希望查理與他一起去利馬（Lima），負責處理麻醉事宜。

老實說，查理對葛拉漢的外科手術功力有些懷疑。這些懷疑可能是出於個人方面：葛拉漢是個相當有個性的人物。他喜愛炫耀他曾與佛洛伊德會面、他查獲了希特勒的遺囑，以及他在交戰中多次受傷的經歷（儘管他從未因此獲得獎章，天知道爲什麼）。葛拉漢在四十歲之前就已官拜少將，還成爲總統的專屬醫生——他也盡心盡力地扮演這個角色。查理的不滿也可能出自政治觀點：葛拉漢大力推動杜魯門政府的國家健保計畫，因而觸怒了美國醫療協會，外加查理等支持共和黨的醫生。

不論是什麼原因，查理告訴我，他擔心手術太過複雜，葛拉漢可能把秘魯總統弄成殘廢而引發一場國際事件。他問為什麼不能在美國動手術，葛拉漢回答奧德里亞害怕他一出國，國內就會發生政變。查理於是表示他願意去秘魯，附帶一個條件：這趟任務必須帶上另外一位專家比爾・鄧肯（Bill Duncan），他是查理的好友。

結果發現其實並不需要多精密的手術。奧德里亞的病症儘管煩人，卻不致對生命構成威脅。他的掌筋膜攣縮是一種纖維組織導致手指內捲的症狀。根據葛拉漢未經發表的回憶錄，查理是以奴佛卡因（Novocain）來局部麻醉總統的手掌，葛拉漢則操刀切開纖維組織——這場手術也讓他成為秘魯外科協會的終身會員。不過，我認為查理用的比較可能是當時最新且最有效的局部麻醉劑利多卡因（Lidocaine）。

無論奧德里亞是怎麼被麻醉的，他十分滿意手術的結果。為了表示感激，他命令秘魯海軍帶這幾位來訪的醫生到亞馬遜雨林一遊。對查理而言，這才是整趟旅程的美妙之處，他才不在乎秘魯外科協會的終身會員，他要的是經歷，不是榮譽。

「於是我們搭機飛越安地斯山，」查理回憶，並且抵達偏遠的橡膠之都伊基多斯（Iquitos）。秘魯的水手在這裡迎接他們，準備帶領這幾位醫生經歷一場很少有美國人能夠涉足的旅程。「一艘海軍的艦艇載我們順流而下。沃利不知從哪裡搞來一枝獵槍。比爾．鄧肯與我各帶了一把砍刀。我們下船，就像探險家一樣——沃利背著他的獵槍，比爾和我則配著大砍刀。我們碰到一條十二英尺長的巨蟒，沃利對牠開槍。」

他們在雨林中行經一座與世隔絕的村莊，遇到一個賣猴子的人。查理買了一隻，取名爲「比爾．鄧肯」，鄧肯也買了一隻，取名「查理．懷特」。他們將猴子放在「一個小籃子裡」，一路帶到巴拿馬，準備返鄉。現在他們得想辦法解決將野生動物進口至美國的問題。

根據查理的說法，這三位外交醫生發現他們在巴拿馬市下榻的旅館也住著將載他們回國的班機組員。他們邀請空服員共進晚餐，大家玩得很開心，他們於是請空服員幫忙這個走私猴子的計畫。（對於比爾與查理，一名空姐透露：「我從沒有見過比他們更相貌出眾的男人。」）「他們幫我們把猴子弄回家，我們就是直接把猴子帶上飛機。」查理回憶。

鄧肯在堪薩斯城是有家室的人，因此那隻猴子沒有陪他多久。但是打著光棍的查理養了猴子好幾年。「牠後來長到兩英尺高，我必須在地下室幫牠蓋一個籠子。」查理對他的猴子野心勃勃，曾試著訓練牠像騎馬一樣騎著他那隻得過獎的愛爾蘭雪達犬。但是猴子根本就不受教。「我從來都馴服不了牠。」查理有些傷感地說道。不過這隻猴子還是帶來許多歡笑。查理會開著他的敞篷車帶猴子出遊，經過水果攤時，他會嚷道：「可以麻煩給我孩子一根香蕉嗎？」這隻猴子雖然野性未馴，卻也漸漸喜歡上查理，甚至生出了占有慾，每當查理帶著新女伴回家時，牠就會從籠裡向外撒尿。

查理的另外一段旅程是來白一位飛行員友人的邀請。環球航空公司（Trans World Airlines，TWA）要這位機長到非洲將一架在當地修理的飛機飛回位於堪薩斯城的公司總部，他問查理想不想也一起跟來充當導航員？「我可不知道如何導航！」查理笑道，但是他的朋友向他保證查看羅盤不需要太高深的技巧。

查理從來不會放過冒險的機會，他檢查他的行程表，找到有一項瑞士醫學會議可以順路參加，如此這趟旅費還可以抵稅。然後他從瑞士飛往埃及，再到南非與他的朋友會合。「但是那架飛機還沒有修好，」查理回憶。「所以我決定先到克魯格國家公園（Kruger National Park）一遊。」為期兩天的非洲荒野汽車之旅帶著他走遍非洲大陸最優美的野生動物棲息地。查理「看到大象、獅子與河裡的河馬。」那些異國動物也會來到他的車邊，好奇地盯著他，好像他是動物園裡的動物一樣。查理玩得很暢快。但是他回到約翰尼斯堡時卻發現飛機仍然還沒修好，於是他的朋友向他介紹TWA的另外一位機長，可以載他返回歐洲。

這位新朋友非常熱心。查理向他表示想一睹維多利亞瀑布（Victoria Falls），這位飛行員就爲他騰出副駕駛的位置，然後飛到維多利亞瀑布附近，近到飛機的窗上全是瀑布的水霧。「我不知道其他乘客會怎麼想，」查理若有所思地說道。查理買的是不定期機票，他先在馬爾他停留幾天，正好碰上法國警方在當地實施宵禁，他接著去了西班牙，然後是荷蘭，最後才返回美國。

而他在熟悉的環境中也具有相同的冒險精神。查理能夠適應這一整個世紀的鉅變，有部分在於他遇到新鮮與尚未嘗試的事物時總是歡欣以對。他從來不會去想失敗的風險。也就是因爲這樣，他才會有一天身在一座牧場，穿著醫師袍並戴著口罩，利用壁爐的風箱來幫助一匹馬呼吸。

讓查理自己來解釋吧。「我們有一位醫生朋友，他養了很多匹賽馬。其中最好的一匹名叫希柯瑞・恰克（Hickory Chuck），牠腿部的韌帶受傷了。那時候獸醫的標準治療方式是以燒得炙熱的鐵棒來將韌帶融合，但是這招沒什麼效果。」

「當時聖若瑟醫院有一位骨科專家，名叫蓋瑞特・皮金（Garrett Pipkin），當他聽到這件事時，他表示他可以設計一套療程來縫合韌帶。他們要我麻醉這匹馬。」

「但是還有一個問題，對吧？如果我將這匹馬完全麻醉，牠就會倒下來，可能又再傷到自己。我決定使用一些肌肉鬆弛劑，我們稱爲琥珀膽鹼（Anectine）。我們弄了一塊大木板，將馬綁在木板上，這樣這隻動物就可以維持站姿。我爲牠注射琥珀膽鹼——還不到一劑就使得這匹馬完全麻痺了——我接著將我壁爐的風箱置入這匹馬的鼻子中，打進空氣好讓牠能繼續呼吸。」

皮金的手術很快，沒過多久查理就讓馬匹自麻痺中清醒過來。手術相當成功。希柯瑞・恰克又重回牠的賽馬事業。查理唯一感到遺憾的是他沒有將手術錄影下來。「我眞希望能夠拍成電影，」他說道。「我們穿著白袍、戴著口罩與手套，在牧場中爲綁在木板上的一匹馬動手術。眞無法想像別人看到我們會怎麼想。」

一九五〇年代醫學界風險最高的邊陲地帶——因此也是最令查理興奮的——是心臟手術。和盤尼西林與麻醉劑一樣，二次大戰也帶動了心臟手術的發展。一位派駐在歐洲軍醫院的年輕美國醫生，出生於愛荷華州的德懷特·哈肯（Dwight Harken），對於因心臟受到炸彈碎片創傷而送進醫院的士兵感到絕望不已。傳統的看法認爲心臟是不能受到絲毫損傷的，因此沒有辦法取出這些炸彈碎片。心臟受傷就等於是宣告死刑。

哈肯認爲，既然這些士兵遲早會死，那麼嘗試拯救他們又有何妨。他實驗性地在傷患心臟瓣膜開出一個手指大小的切口，讓他能夠迅速地伸入其中取出碎片。他的這場豪賭非常成功：哈肯挽救了逾一百三十五條人命，而且在這種手術下沒有一位傷患喪命。

戰後，哈肯與其他人了解到這項技術可以應用於治療二尖瓣狹窄，那是一種極爲危險、可能致命的疾病，往往是由於年輕時的咽喉炎惡化成風濕熱所致。心臟裡的組織纖維化造成二尖瓣狹窄，從而導致高血壓、血栓、肺栓塞，甚至心臟衰竭。

在堪薩斯城的查理與同事讀了醫學期刊上有關治療主動脈瓣膜狹窄的實驗性手術之後，對此頗感興趣。「這項手術很快，就是在心臟開一個切口，然後用手指在瓣膜內找到那塊纖維組織，撐開瓣膜，分開沾黏，然後取出來。」查理回憶。「從開始到結束，整個手術可以在一個小時內完成。」

但還有一個問題。當時在手術中控制病人循環的人工心肺機尚未發明。因此，即使瓣膜手術時間很短，病人死亡的風險仍是很高，除非能讓通過心臟的血流大幅減緩。

查理進一步深入研究，發現有人曾實驗將病人麻醉並冷卻，使其體溫下降。「當他們的體溫從正常的華氏九十多度降到八十幾度，血液濃度會提高，也因此不會流太多血。」查理解釋。

如此一來，查理作爲堪薩斯城開心手術的先鋒，他只需找出讓沒有知覺的病人體溫下降的安全方法。一天他工作結束後，他一面思考這項挑戰，一面照料他連同城南一小塊土地購買的幾匹馬。這是他作爲專科醫生的事業蓬勃發展的象徵，他現在終於可以畢生都盡情享受養馬與馳騁馬背的樂趣，就像他那曾是騎兵的祖父一樣。

查理的目光不經意地落在一個橢圓形的大容器上——這是馬用水槽——讓他的牲口喝水用的。他靈光閃動，發現這個正是他需要的。馬用水槽大得足夠讓一位麻醉的病人埋在冰塊裡。查理於是告訴他的外科手術團隊他已找到他們問題的解答。

「我於是買了一個馬用水槽，我們麻醉病人、將他放入水槽，然後裝滿冰塊，」查理告訴我。「我們把病人的體溫降到華氏八十六度左右——不致低到凍死他，但是冷到足夠讓他的血流減緩。我們接著將他抱出滿是冰塊的水槽，放到手術檯上，開始打開胸腔，在心臟開一個切口。醫生將手指伸進去，分開纖維組織，然後再予以縫合，大功告成。病人的體溫在一個小時內就完全恢復了。」

有一段時間，查理的馬用水槽可以說是堪薩斯城心臟手術最先進的技術，「而且沒有一位病人在我們手下過世。」但是隨著人工心肺機的問世，冷卻病人的作法就落伍了，成爲醫學黑暗時代的遺跡，只比吸血水蛭稍微進步一些。如今開心手術可以持續好幾個小時，不僅能夠將瓣膜撐開，還可以更換，以及重複打開動脈與靜脈——甚至移植健康的心臟來取代有問題的。但是在這些成爲世間常規之前，心臟手術簡直就是奇蹟，而裝滿冰塊的水槽就是魔法。

這則故事凸顯出查理在掌握變局上的天賦。他的壽命還沒走完一半，他所受的正規教育大部分就都已過時了。儘管水槽心臟手術就今日標準來看非常簡陋，但是在查理就讀上一代的醫學院時，這是不可思議的。那時候的醫生缺乏抗生素來確保開心手術的安全。他們也不了解心臟組織其實是肌肉，可以進行手術。他們缺乏麻醉劑與氣管處理技術，因此也無法進行程序繁複的手術。

查理對於促進改變的方法有一種天然的直覺，這種感覺後來成爲矽谷的招牌特色。也就是所謂的疊代增量式開發（IID，Iterative and Incremental development）——這種理念是認知到偉大的改革很少是一記橫空出世的霹靂雷鳴。也許艾薩克・牛頓眞的在蘋果砸到頭上時就明白了地心引力，但是大多數的發明與變化都是一步一步出現的。就像湯瑪士・愛迪生（Thomas Edison）測試了六千種燈絲才找到最適合燈泡的。

疊代增量式開發是一種極爲實用且務實的促進改革方式——不論是在專業還是個人方面。面對問題時，不要堅持找到一套完美的解決方案。一步一步地來（這是增量的部分），隨著經驗的學習與累積來改進（這是疊代的部分）。

查理秉持著活到老、學到老的觀念。接受學校教育於他只是個開端，不是結束——簡直天差地遠。他的進步來自於他知道自己能夠一點一滴向前，未必每次都是要進行巨大的飛躍。開心手術的來臨不會像好萊塢電影結局那樣壯麗輝煌地登場，而是一步一步慢慢累積的成就。整個進步的過程中，可能要花一兩年時間在農業設備的冰浴之上。但是我們向前踏出的每一步都在幫助下一步成爲可能。

這就是我們與改變共處的方式。這就是長者與抗拒改變的人學習用信用卡機來爲車子加油，還有在社交媒體上觀看曾孫學走路的方式。更重要的是，這就是創新能夠超前一步的方式。改變並不會等待蘋果落在某人頭上。數以千計或數以百萬計的查理．懷特都是一小步、一小步地邁入未來。他們看到供馬匹飲水的水槽，知道這也可能是前進的一小步。

他們願意一試。

對於在混沌不明之中力爭上游的人，疊代增量式開發是一大安慰。它告訴你，別想一次解決所有的事情。別再強求你生活與事業上的所有問題都有明確答案。反之，要著眼於每一小步的進展。

只要解決下一個問題就好。找到下一步該如何走，然後舉步向前。

查理也願意去犯錯。他告訴我，幸好在他那個時代醫療過失訴訟並不普遍。「我們可以有一些創新的做法而不必擔心律師找上門，你懂嗎？」查理有一次對我解釋。「我參與了大約四萬場的手術，從來沒有被告過。我當然會犯錯。有的時候我爲一些滿嘴爛牙的人插管，結果呢，我才輕輕碰到，他們的牙齒就碎開了。我會在病人醒來後到他們的床前，遞給他們二十五美元，說：『去把牙齒弄好吧。』這樣就沒事了。」

在二次大戰後，一位哥們勸查理投資科羅拉多州一處新開發的滑雪勝地，叫作亞斯本（Aspen），他卻嗤之以鼻：「那裡根本就是一座鬼城！」這絕對是一個錯誤。他曾一度在堪薩斯城以東半個小時的路程擁有整整六十英畝的湖邊地產。他在這裡養馬，還開心地招待聖若瑟醫院的修女騎馬遊覽——這些修女的穿著在馬上看來有些滑稽。但是在城裡的上層人士將湖邊土地規劃成價值上百萬美元的豪宅建地時，他卻以遠低於市價的價格將地產賣掉了。

又是一個錯誤。

他後來出售城南小農場的時機也好不到哪裡去——他眼睜睜地看著農場被分割成好幾塊，成爲當地最熱門的房地產。我有次對他錯失這麼多的財富表示遺憾，他卻雀躍地回答這還不到其中一半呢。一位名叫尤因·考夫曼（Ewing Kauffman）的推銷員想說服查理投資他在家中地下室建立的新創事業。「他用洗衣機清洗牡蠣殼，然後再將它們磨成粉狀的制酸劑，」查理說道，語氣仍有點難以置信。查理當然沒有投資，結果考夫曼的事業，後來稱作馬里恩實驗室（Marion Labs），成爲價值以十億美元計的大型製藥公司。

又是一個錯誤。

然而查理從回憶這些錯誤得到的樂趣，似乎與他回憶那些春風得意的時光一樣多。他明白錯誤也是一種獲得。它們顯示我們正竭盡所能、努力過活，就如同狄奧多．羅斯福的名言：「站在競技場裡」。另一位總統杜魯門則是認爲，「不完美的作爲勝過完美的無所作爲。」做出決定並且有所作爲，不論好壞都有其價值。對照之下，完美主義可能成爲生命本身的敵人，使我們停滯不前，被世界拋在後面。

沒有人是永不犯錯的。斯多噶主義的大哲學家愛比克泰德說過：「如果你想要進步，就要在被視爲蠢笨之人時心滿意足。」諾貝爾物理獎得主尼爾斯．波耳（Niels Bohr）的著眼點略有不同，但大方向是相同的。「一位專家，」他表示，「就是在一個非常狹隘的領域中犯過所有錯誤的人。」或者，我們可以這麼想：一位成名的戰士靠的不僅是肌肉與勇氣，還有他的傷疤。

查理現在已五十多歲，雖然他是單身，也沒有子女，不過他絕對是個以家爲重的人。他很深愛他的母親，她才剛被工作的傳道團體推選爲密蘇里年度母親。他與姊妹們也很親密，其中一人幫他營運辦公室，安排手術時間與記帳等等。她的工作也包括幫查理打理家務。查理的朋友顯然都不認爲這是完美的安排，他合夥人的妻子提出一個更好的建議。「她覺得我該找一個老婆。」查理說。

查理婉拒了這個提議。他兩次婚姻的經驗並不好受，並不想再試一次。但是合夥人的妻子早有預謀。那太完美了，她故做不知情地說，她住的社區有一位寡婦，名叫露薏絲・格姆肖（Lois Grimshaw），她也不想再婚。你就幫個忙，邀請她來參加我的撲克派對吧。

查理答應幫忙，陪這位寡婦去參加撲克派對。他敲了敲她的家門，來應門的是個自信滿滿的八歲女孩，茱麗。

你是來跟我媽媽約會嗎？她質問道。

是的，查理回答。

你是醫生嗎？女孩繼續追問，「因爲你聞起來很像是。」

查理進入屋內，不禁小心聞聞自己身上是否有手術房的味道。

就在此時此刻，他看到了露薏絲。

她美得令人屏息。她在達拉斯還是少女的時候，曾做過尼曼馬庫斯百貨公司（Neiman-Marcus Department Store）的廣告模特兒。當地報紙稱讚她有一雙整個城市中最美麗的玉手。她有一頭黑髮，皮膚白皙、五官典雅。後來成爲她女婿的傑克．摩爾（Jack Moore）如此形容她：「我真的很欣賞露薏絲。她是個美麗的女人——她還很知道如何應付男人。」

查理被迷住了，陪著她來到他合夥人的住家，露薏絲在牌桌旁坐下來，玩牌的架勢就像是從小在賭場長大一樣。到了夜晚的尾聲，查理看著坐在對面的她，前面的籌碼堆得像一座小山，他已被她迷得神魂顚倒。「畢竟她不但漂亮，還是個撲克高手。」他在半個世紀後聳著肩說道。

查理與露薏絲結婚，成爲她一個兒子與兩個女兒的父親。後來他們又生了兩個女兒。他與露薏絲靑春期的兒子比爾的關係疏遠。比爾後來在越南表現英勇，退伍後建立自己的法律事業，但是查理似乎對這些都不感到興趣。至少比爾的感覺就是這樣。而且我得承認（不論這値得參考的程度有多少）查理鮮少對我提及他這位繼子。他們有著相同的悲劇情懷：身爲早年喪父的家中獨子的孤絕感。遺憾的是，這樣的連結沒有拉近他們之間的距離。

露薏絲的女兒琳達當時還在讀高中，她在同母異父的兩個小妹妹勞麗與瑪德琳出生後，簡直就成了她們的第二個母親。茱麗個性坦率，看到查理送她的小馬時興奮無比。「我成了速成老爸，」查理說道。

他是一位名副其實的「老」爸，有一頭灰髮和溫文爾雅的鬍子——依我妻子的話，就是完完全全的男人。查理最終被挖角離開聖若瑟醫院，成爲浸信會紀念醫院（Baptist Memorial Hospital）的醫務長。他將這個逐漸壯大的家庭搬到堪薩斯城教團山（Mission Hills）一條安靜街道上相當漂亮的一棟房子裡，這個郊區頗受醫生、律師與企業主管的喜愛。他隔壁住的是一位血液學家，對街住的是一位外科醫生，隔著幾戶人家住著一位保險業大亨。汽車是查理終生熱愛的嗜好，他家門前的環狀車道——也就是我看到他拿著花園水管與海綿爲女友洗車的地方——常常停著一輛低底盤的阿爾卑陽光跑車（Alpine Sunbeam），不久之後變成一輛福特野馬敞篷車。

露薏絲喜歡園藝。「她的廚藝很棒，還有了不起的口才，」查理說道。他的小女兒們讓花園內的玩具小屋派上了用場。當初導致他與珍・蘭迪斯婚姻破裂的強烈占有慾現在已消失無蹤，若說與上次婚姻有何不同，這次在婚姻中掌握方向盤的人是露薏絲。查理談到他令人敬畏的妻子，「她並非操控一切，但她堅持自己的原則。」露薏絲是一位虔誠的美國聖公會教徒，她說服查理由他父親的教派——基督會——轉入她的教派。他們夫婦每到週日就會到大街上的聖保羅教堂做禮拜。

查理喜歡與露薏絲去度假——就他們兩人，不帶孩子們。「她是高爾夫好手，也是釣魚高手，」查理回憶。他們在亞斯本度過許多快樂時光，一次又一次回到平底鍋河畔（Fryingpan River）的小木屋，就在多年前他曾嗤之以鼻，如今卻蓬勃發展的滑雪勝地附近。這裡有湍急的河流、水潭與漩渦，是鱒魚釣手的天堂。「我會坐在她上方的山坡，然後說：『露薏絲，抓條魚給我吧！』她過一會兒就會真的拉一條上來。」

「查理真是個很棒的傢伙。」

這是傑克・摩爾說的，他是查理的大女婿。我們在查理去世幾年後約了一頓午餐而相識。「他從來不讓任何事惹他煩心，而且我從來沒有看過他生氣發火的樣子。他喜歡他的工作，不過同時也熱愛休閒。他有段時間擁有一艘帆船，會到湖上泛舟，有一次他忘了塞上船底的水塞，差一點就把船弄沉了。他也養過馬，直到那些房地產商人說服他賣掉他的農場。」

傑克告訴我，他還記得查理的高爾夫球技出色，在果嶺附近更是特別犀利；他也記得他那條破舊游泳褲，即使已經爛得不堪入目他也繼續穿；還有他對母親與姊妹的忠心，以及他的菸斗，他若不是在醫院走廊上抽菸時便會叼在嘴中的菸斗。「那時候醫院裡的所有人都抽菸：護士、醫生、病人，」摩爾回憶道。「除非你正在吸氧氣，否則你一定在吸菸。」

摩爾是個聰明機靈的年輕人，來自西維吉尼亞，對照顧動物很有興趣。他進入堪薩斯州立大學，計畫成爲獸醫，不過有位經驗豐富的獸醫告訴他：「當獸醫太辛苦了，你應該去做醫生。」於是他改變主意了。摩爾攻讀醫學的同時，也在追求露薏絲·格姆肖·懷特的大女兒。查理將摩爾視如弟子，處處照顧他。

此時已來到一九六〇年代，查理知道，在這個專業化的時代，摩爾將會在醫學院學到最新的理論與最先進的技術。不過查理也想確保摩爾能夠學到一種最基本的東西——老派全科醫生的全面務實能力。他希望他未來的女婿能了解醫生不只是進行療程而已，還必須關心病人。

「他在家裡常常會接到電話。我那時候常常待在他家，他會問：『要和我一起去嗎？』我當然要跟去。」摩爾回憶道。任何一個用功的醫學生看到可以跟著醫院醫務長去進行緊急治療的機會，都不可能會放棄的。

「但是等我們到了那裡……」

「我記得是一件機車意外事故，」摩爾回想著。「傷患整張臉的皮膚都被扯下來了。我用手扶著皮膚，以爲病人已失去知覺。但是當查理和他說話，那人竟然回應了——只不過他從口中吐出來的只有泡泡。我嚇得把頭埋在雙腿之間。」

摩爾後來成爲一位高明的外科醫生，專治攝護腺癌，救了不少人的生命。

但是查理讓他了解到過去沒有專科、只有全科醫生的時代；查理的存在讓他得以一窺那個醫生會碰到各種狀況的患者，必須隨機應變替他們減輕痛苦的時代。「這些人眞的充滿創新精神，他們是問題解決者。」摩爾如此形容查理與他那一代的醫生。

他爲我舉了一個例子。

「那是一次緊急呼叫。查理帶我到醫院去看一位自殺未遂的病患。這位病人想上吊自殺，如果你看過，你就會知道上吊後的徵狀是舌頭嚴重腫脹。這個可憐的傢伙不斷被自己的舌頭噎住——吸入性窒息——醫護人員必須隨時注意，把他的舌頭拉出來。就這樣一再重複，直到查理走進來，很快掌握了情況，然後吩咐護士：『幫我拿二號絲線。』」

護士將縫合工具拿過來。查理迅速動手，先用絲線將腫脹的舌頭纏繞起來，然後把絲線另一端綁在病床腳上。問題解決了，病人腫脹的舌頭不會再掉進喉嚨裡了。

這個例子讓我想起查理如何用水槽處理早期的開心手術。面對問題，查理沒有等候一個完美的解決方案。他會就手頭上的東西進行下一步。將病人的舌頭與病床的床腳綁在一起，絕對不是常見的醫學急救技術。但在那一天，對那個病人來說，這相當管用。

多年之後，在查理去世且傑克．摩爾的輝煌職業生涯也結束之後，這位女婿告訴我：「我沒遇過任何跟查理一樣熱愛醫學的人。他在滿百歲之後還會去參加聚會。有一群醫生每個月會舉行一次七點集合的早餐會，查理從來不錯過。」

醫學界有一個備受推崇的傳統，叫作「大巡房」（Grand Round）。學生與教學醫生聚集起來，走訪醫院中最爲有意思的各個病例，討論其中的玄妙之處，彼此分享新發現。「他一直參加大巡房直到去不動了爲止。」摩爾簡潔地說道。

不過，熱愛醫學並不代表也熱愛看醫生。查理很少會求助於同事來治療他的家人。從他早期的經驗，他相信大部分的疾病都能自然痊癒。至於不能的，他寧願自己處理，才不管什麼專科醫生呢。例如查理的腳患了煩人的莫頓氏神經瘤，他於是坐在辦公室內，在自己的小腿上注射一劑神經阻斷劑，然後伸手拿起解剖刀。莫頓氏神經瘤是由於組織反覆刺激神經，導致腳掌疼痛不堪的疾病。查理用解剖刀割開他的腳掌，檢視內部，除去患病的組織。然而就在他縫合傷口時，醫院緊急呼叫他去手術室。

這可眞是個問題。他的腳仍然麻木，傷口才剛縫合，根本沒辦法衝到手術室。但是他也不願棄病人於不顧，於是查理叫人推來一具輪椅，趕忙爲腳包上紗布。就這樣，儘管行動不便但仍英勇，他坐在輪椅上馳援去了。

查理教養子女的方式承繼於他母親給予他的寬鬆自由——寬鬆到幾乎和忽

視一樣。不過孩子們都將他的教訓牢記在心：盡力而爲。做正確的事，以及「別放下你的dauber」（Keep your daubers up）。

從查理家人口中聽到這句話時，我聞所未聞。他們則是訝異我以前竟然從來沒有聽過這樣的表達：別放下你的dauber！查理顯然至少一百遍、一千遍、甚至百萬遍敦促他們別放下——因爲懷特家的孩子們都覺得這說法理所當然。可是當我問起來，沒有人能夠百分之百確定「dauber」是什麼意思——只知道是要他們保持一種果決、沉著以及樂觀務實的態度。

我到處查詢它的意義，結果在網路上發現許多同感困惑的夥伴。解釋的說法相當廣泛，不過大致分爲兩大類。一類是與繪畫有關，似乎「daub」與拉丁文中的白色相關，而將其作爲動詞使用是粉刷或以石膏塗抹的意思。因此，「dauber」就是一種用來粉刷與塗抹的畫筆或刷子，如果一個人不留神或沮喪地垂下畫筆，滴落的顏料就會搞得一團糟。

網路上的另一派則主張此一說法是來自於一種辛勤工作的昆蟲，叫作「泥蜂」（Mud Wasp，也稱作Mud Dauber）。這些小蟲子用層層堆疊的類似灰泥的泥巴來築巢，牠們專心地埋首工作，尾巴高高翹起，維持著一種向來代表正直且謙卑的勞動者姿態。

對於在一九六〇與七〇年代的成年人來說，「別放下你的dauber」也許有些古板。不過這句話恰如其分地提煉出查理的人生祕密。它是斯多噶式的訓誡：我們選擇不放下dauber完全是我們能力所及的事。而且這個指導原則是令人自由的、充滿創造力的，如同查理的自由奔放與活力充沛。一個人是透過生活來實踐這句話，由此賦予它意義。只要我們高高舉著dauber——不論它到底是指什麼——我們就已準備好迎接機會。我們已準備好隨時透過改變來學習與成長。我們機敏靈活、生氣蓬勃、堅定果決、百折不撓。

這句話的措辭中含有準備就緒的意思。保持狀態、別鬆手、繼續前進、堅持住。忠於自己與自己的dauber。拉爾夫・沃爾多・愛默生（Ralph Waldo Emerson），一位曾經歷無盡傷慟與失落的哲學家——幼時喪父、年少時失去兄長、年輕熱戀時失去妻子、身爲父親又失去兒子——一直高舉著dauber，他知道現在是眞正重要的，因爲現在是我們唯一能夠碰觸得到的時刻。過去已從我們手中溜走而無法掌控，未來則在我們視線之外而不可知。想要快樂與有所收穫，我們必須認眞活出現在。

反之，愛默生指出，愁苦與失望的來源是「一個人裹足不前或懷念過去，他不是活在此刻，而是以回首的目光哀歎過去，或是無視身邊的財富，只顧踮起腳尖窺看未來。」他最後總結，我們無法「快樂與堅強」，除非我們能「活在當下，超越時間」。

並且不放下我們的dauber。

心理學家談到了「閃光燈記憶」（Flashbulb Memories），這是在我們忙碌而混亂的記憶中脫穎而出的時刻與影像，就像在昏暗的暮色中點亮的燈光。傑克・摩爾對我分享了在查理醫生事業接近尾聲時——儘管距離他的生命終點還有很長一段時間——他對查理留下的一些閃光燈記憶。有一次傑瑞・米勒（Jerry Miller）在家裡舉辦派對，傑瑞・米勒是一位婦產科醫生，心寬體胖、交遊廣闊。查理穿了一件他自夏威夷買回來的綠色草裙出現在派對上，他在游泳池的跳水台上大跳草裙舞時掉進水裡，濕草裙太重，幾乎把他拖入池底。

另一段閃光燈記憶：查理以前有一隻他深深喜愛的臘腸狗。他對狗狗的愛在一次襲擊堪薩斯全境的風暴中受到了考驗，一截落下的枝幹擊中這隻狗，造成背部骨折與後肢癱瘓，但是查理不忍心結束牠的生命。於是摩爾看到了一隻綁在溜冰鞋上的臘腸狗，伴隨著不受控制的腸子帶來的氣味，在查理屋內快樂地拖著自己四處走。

摩爾也記得查理身處遊行慶祝隊伍中間，高聲歌唱的情景。

他還記得查理開著當時最新款的汽車，在密蘇里大學美式足球賽時神氣活現地駛向最佳的停車位——車牌上印著MD兩個大字，以證明他的重要性。

他記得造成轟動的威而鋼問世不久之後查理給他的那張生日賀卡。卡片上是那顆藍色小藥丸與一隻公雞的照片，賀辭是：「起而鳴之！」

在查理悠長的一生中，這段明媚與快樂的時光迎來了另一個痛苦的季節。露薏絲被診斷出癌症，摩爾與其他人都記得，她立刻就接受這是她無可避免的命運——甚至在眞正無可避免之前就是如此。「就心理層面，她被完全擊垮了，」摩爾說道，他是一位癌症專科醫生，每天都會接觸此一疾病。「她任由自己日益虛弱。查理不明白她爲什麼不振作起來對抗病魔，他覺得她就是直接放棄了。」

我想起查理對醫藥始終抱持一種懷疑的態度——這對醫生而言似乎有些奇怪。與他親近的人生病時，他會要他們躺在床上休息、多喝水。查理會鼓勵他們要對自己的痊癒保持信心。

露薏絲看起來已失去信心了。

根據摩爾的另一次閃光燈記憶：露薏絲在樓上躺著，床邊有一個鈴鐺，可以在需要時搖鈴叫人。

鈴鐺響了。

儘管已近九十歲，查理依然一個箭步飛奔上樓，接著卻步履艱難地走下樓。「她沒有需要什麼。」他說道。

我猜測露薏絲確實是需要某些東西。也許她需要知道有人會關心她，關心到願意趕忙跑過來。也許她需要感覺自己不會孤獨地死去。也許她需要某種控制感，一種權力——在生病前，憑藉她的美貌與自信，這位女士走進任何一個房間都能掌控一切。死亡之谷可能是一份斯多噶式自信最難以生存的地方。因爲在這裡，我們必須直接面對我們能力所及的極限，一個任何生靈都無法改變的事實。

我無意責怪露薏絲選擇接受命運，而不是與之對抗。無論如何，命運都將會實現。我也不會鄙視她在感到孤單與害怕時要查理衝上樓的測試——就我所知，查理也不會。他在失去露薏絲之後又活了近二十年。所有惱怒早已煙消雲散，曾經尖銳的痛苦也已磨去稜角、變得柔和。他從來沒有告訴我那個鈴鐺的事情。

他對我所說的所有露薏絲的點滴——他所珍惜的記憶——都是關於她的美好與優點的故事。

Chapter

10

我們的故事始於一個炎熱的週日上午，我望向對街，看到拿著花園水管與海綿的查理。露薏絲已走了十二年。一段悠長的生命就像一棟超巨大豪宅，有許多房間，而且每個房間都很寬闊。查理擁有的不只是一個，而是兩個醫生事業：一個是全科醫生的歲月，另一個則是幾十年的麻醉醫生職涯。他退休的歲月幾乎和他的事業一樣長。他也擁有著不只一段長久的婚姻，而是兩段，外加多年的單身漢生活。他小時候親眼看著從無到有的火車站坐擁很長一段風光歲月，接著陷入破敗，成爲這個城市幾乎想放棄的老白象（指的是消耗龐大資源卻無用或無價值的物體等），直到登上堪薩斯城的史冊——所有這一切都發生在查理生命豪宅的界域之內。

他在九十幾歲時健朗如昔。除了定期與醫生集會了解醫學新知、參加醫院的大巡房外，查理也從不缺席他的投資俱樂部聚會，這是由一批較他年輕的人所組成的團體（不過這時幾乎全世界的人都比他年輕了），他們研究股市，在網路泡沫破滅前搶進牛市——之後繼續搶進殺出。查理曾兩度與他的兒科醫生朋友赫伯・戴維斯（Herb Davis）赴海地爲貧童檢查身體與施打疫苗。他的醫生事業堪稱圓滿達成任務了，從小時候在餐桌旁羨慕地傾聽巡迴醫療傳教士的故事而立志要做一位醫生開始，到他後來自己從事巡迴醫療，他沒有缺憾。就和他在大蕭條時期做的事一樣，他在海地再度成爲一位全科醫生，診療各式各樣的疾病，並爲這些走投無路的病患提供實際的解決方案。查理常說作爲一位醫生並不只是一份工作或是職業，而是一種特權：因爲其他任何一份工作，都無法讓一個人與他人建立如此親密的信賴關係。查理第二次去海地時已經九十九歲。

不論在海地還是在家鄉，查理每到一處總有人會問他長壽的祕訣。他的答案卻有些令人失望。他會說這完全是運氣好。他的基因組，這個超出他所能控制的東西，沒有給他一個虛弱的心臟或消耗性疾病。查理也不像他的父親，從沒有在意外事故的宇宙大樂透中被選中。有些人從未吸菸卻罹患肺癌，查理抽了幾十年的香菸，卻沒有什麼眞正的損傷。

這就是運氣。

他的繼女琳達在六十六歲的一次度假之後感到不適，掃瞄發現她全身都是腫瘤，在短短幾個月內就撒手人寰。她去世幾週後，查理度過他第一百零二次的生日。

這就是運氣。

查理享受著他的好運，用心活在當下。他九十五歲生日時在派對上脫下夾克，吹著他的薩克斯風，與樂隊一起演奏以娛賓客。與他同一世代的人都早已歸西，然而他卻展開一段盛大的新戀情。他成爲整個堪薩斯城最嫵媚動人的一位寡婦的情人，這位自德州遷移過來的女士活潑又迷人，名叫瑪麗・安・華頓・古柏（Mary Ann Walton Cooper），比查理年輕二十歲左右。「她眞是人間尤物，」傑克・摩爾這樣形容她，而我在看到查理爲她洗車沒多久後也見到她本人，我不得不承認這句話她當之無愧。

她不只相貌美麗，還活力四射。我認識她不過四分鐘，她就與我分享她亡夫生前的一則故事。她死去的丈夫是一位外科醫生，依賴著查理來處理麻醉相關事務。當時瑪麗・安自己需要動手術，她丈夫召集了一支團隊。在查理將她麻醉入睡後，醫生們依手術程序脫下她全身衣物，發現她用唇膏在胸部寫了幾個大字：「聖誕節前不准打開。」

查理喪妻後不久，瑪麗・安就開始注意他了——她告訴我，原因很簡單。他們總會逗得彼此大笑，她覺得他們在一起一定會很有樂趣。她前任男友當時是九十一歲，當她告訴他，她要和九十二歲的查理穩定交往時，他的反應相當豁達。「我被一個比我還老的人打敗了。」他說道。

這兩人確實享受了不少樂趣。他們多年來每逢週末一定會到藍山鄉村俱樂部共進晚餐，瑪麗・安會先到查理家喝一杯餐前雞尾酒。看到她的車子時，我有時會忍不住過去敲門打招呼。在他們之間，每次的相聚都充滿一種震盪的生命力，中國哲人所謂的「氣」。這與活力和士氣有關，從萬物秩序的正確關係中流瀉而出。

查理與瑪麗・安會引導「氣」。他們了解不必自尋悲傷，因爲它自然會找到我們。它以前就曾找上他們，以後還會再次找到他們。不過當悲傷在別的地方時，他們會盡情享受每一天的生活贈予的禮物。歡聲笑語就是其中一項。我來舉一個例子：當查理斥責教堂的牧師不該在週日禮拜時宣布他滿一百歲的消息，讓瑪麗・安笑到不行。「女士們會認爲我太老，不想和我約會了。」查理如此抱怨。

瑪麗・安與查理對住在對街的我們一家有些失望。噢，他們絕對不是不喜歡我們，只是覺得我妻子與我應該放鬆一點。一個週五傍晚，我趁他們外出用餐前去串門子，無意間提到這週末我們一家會很忙，被小孩的足球比賽、生日派對以及其他一些孩子的活動占滿了。

「噢，親愛的，千萬不要這樣！」瑪麗・安對我嗔叱道，輕輕噘起她完美修飾的嘴唇。（她是唇膏界的天才）「你去告訴你的老婆，叫她打扮一下，你們兩個要出去用餐——不帶孩子們！你們不在，他們也會好好的。」

查理在一旁點頭表示贊同。「婚姻永遠是第一位，」她繼續說道。「孩子會長大成人離開你們。他們有他們的生活，你們必須過你們自己的生活。知道嗎？在我的孩子還小時，我照樣一定會在下午五點以前先補好妝，爲我丈夫準備一杯餐前酒。」

當我回家把這個建議告訴我妻子時，她翻了一個大白眼，好像在說「你要喝酒就自己去弄！」但是我可不會與瑪麗．安爭論如何生活——她是一股生命力的激流——或是爲人父母之道。我後來才知道她是演員克里斯．古柏（Chris Cooper）的母親。當他母親在補妝與在家中吧台忙碌時，小時候的克里斯不知道都在做什麼。在我認識她前不久，她才以貴賓身分出席了一場宴會——在查理的陪同下——觀賞電視播放她的兒子上台接受一座奧斯卡金像獎。

查理．懷特與瑪麗．安的美好羅曼史一直持續到查理去世。瑪麗．安快九十歲的時候，查理也步入他生命的最後幾年，她的光芒開始褪去，記憶也開始離她而去，但是查理從未離開。他坐在她身邊握著她的手，有時用無聲的心靈溝通，有時在她耳邊輕聲細語或是柔聲歌唱。

在那最後幾年，我發現我有時會一個月、兩個月，甚至整整一季沒有去探望查理。我每天早晨會幫他把報紙塞進他的門縫，讓他知道我仍關心他，但是我浪費了本該與他共處的那些時間。只有一個笨蛋，或者是幾名青少年的父親，才會不去和一位一百零三歲……一百零四歲……一百零五歲的朋友共度時光，不過當我去探望他時，一切都會獲得原諒，因爲查理仍是無所畏懼地隻身向前。

在查理一百零六歲時，我想寫一篇有關華特．迪士尼年輕時在堪薩斯城從事動畫師的生活。我做了一些研究，發現直到一九七五年左右，美國所有的卡通影片——所有陪伴我長大的卡通——都可以透過藝術家的譜系關係，追溯到五十年前迪士尼招募到他位於堪薩斯城那間工作室的幾位年輕人身上。這是創意的連鎖反應，就像是文藝復興時代的佛羅倫斯或是二十世紀末的矽谷。

查理並不認識德華特・迪士尼，不過兩人也許曾在街道上擦肩而過。我去到查理家，請他告訴我一九二一年時的堪薩斯城是什麼樣子。我們在他的廚房裡坐下，他絲毫沒有遲疑，立刻打開他的記憶時光機，邀請我進入其中。

儘管距離他自堪薩斯城飼養場旁的火車站走出來已有一個世紀，但查理記憶力驚人。他叫得出城裡所有電影院的名字，甚至能說出詳細的地址。我以為我知道紐曼劇院所在的位置，這座大劇場是迪士尼放映其首部影片的地方，也是卡爾頓・庫恩與喬・桑德斯與無線廣播相會的地方。但是我搞錯了拐角，幸虧查理來糾正我。他還領著我走過早已消失的電動公園，在五光十色的燈光中漫步於花間的道路。他也重現迪士尼當年所在街道的風華，迪士尼的小工作室就設在一家餐館上面，書桌的抽屜裡還養了一隻小老鼠——這隻老鼠啟發了某個歷史上最著名之一的藝術創造物。

在這些細節之間，穿插著橫跨數十年的跳躍、離題和插播：對我最近報導的某個新聞的評論、詢問關於我的家人的問題、有關草坪維護的閒談。不知何故，他的心思能夠靈活往來於過去與現在之間。他對明天與昨天一樣感興趣。

查理大腦所展現的活力在我的腦海裡栽下一個夢想——其實是一個幻想。我記得我們第一次聊天時，查理倚著他的挖起桿喟嘆他已無力打高爾夫球了，我在想，如果能讓這個老傢伙站上高爾夫球場最後一次，一定會是個很棒的故事。這個世界上還有幾個一百零六歲的高爾夫球手呢？

我向查理提出我的主意，他微笑著搖搖頭。即使我還不知道，但他知道，時間終於已經趕上查理・懷特了。

在一個嚴寒的冬日，他在家門口踩到一片結冰滑倒，腳踝啪地一聲骨折了。我相信那是他一百零六歲那年的冬天。當我從他女婿道格口中知道這件事，我暗忖，也許這就是邁向結束的開始。但是當我踏進查理正在療養的安養機構，卻發現他精神抖擻，正在人群中央接待一連串來探望他的訪客。赫伯・戴維斯，海地之旅的召集人前來探望他時，正好碰上一名職員推著一輛小推車進來，推車上有一盒葡萄酒和幾個杯子。「暢飲時段到了！」她高興地宣布，我們舉杯祝福查理健康。這個祝福一定實現了，因為他很快就返家，恢復他每週的俱樂部集會與其他聚會。

幾個月之後，道格又向我報告查理再度出現緊急健康問題。查理出現幻覺，不只是眼前閃過光影或圖案那種——而是五顏六色的奇怪生物已經把他的書房當成自己家。他的醫生不能確定是什麼造成這樣的幻覺，可能是老年失智症發作，也有可能是腦瘤的徵兆。不論是什麼，顯然不是好事。

在這件事發生的幾年前，我的一位朋友寫了一篇關於他年邁的父親出現幻覺的文章。我從這篇文章了解到有一種症候群，其實並沒有比單純的視力衰退更嚴重。大腦的運作沒有問題——事實上它是在加班工作，在眼睛已無法提供足夠資訊的情況下努力填補視覺上的空缺。大腦是在編造事物。

這似乎是一種可能正確的診斷。我的朋友寫道，這個症狀最危險的一點，是病患可能被他們的幻覺嚇到或擔心自己瘋了。我於是到對街探望查理，看看他的心情如何。

「這眞是最怪異的事，」當我們在他的書房坐定後，他告訴我。「我眼前的這些人、動物與東西都非常清晰，就像我看你一樣，甚至更清楚。」

「在那裡！」他指著展示他那些古董決鬥手槍的櫃子，這對古董手槍也是他秘魯探險之旅的紀念品，不過壽命要比那隻名叫比爾・鄧肯的猴子長多了。「你看到了嗎？」

我還來不及說話，查理就替我回答了，「你當然看不見。你看不見是因爲它根本就不在那裡。」

我與他分享我所知道有關查理士・波內症候群（Charles Bonnet Syndrome）的

少許知識，這是以十八世紀的一位科學家命名的，他描述了他年邁祖父的情況。他的祖父——和查理一樣——腦袋銳利得就像根大頭釘一樣，但已接近失明。在這個症狀之下，不同的人會看見不同的幻覺，不過他們看到的景象大都是良性的。有些人會看到卡通人物。我則讀到過有個人看到牛群在他家客廳裡啃食地毯。我那位作家朋友的父親有次提到，他看見路上整排都是希伯來文的告示。

「上面寫了什麼？」我的朋友問道。

「你也知道我不會希伯來文。」他父親回答。

查理一面聽，一面友善地點頭附和。幻覺剛開始的時候查理有些擔心，但他說，現在這些東西看來也沒那麼糟。一個人還有可能遇到更糟糕得多的事。他知道，因為他就曾經歷過更糟的。

就是這樣，他對腳踝骨折滿不在乎，對眼前的幻覺也處之泰然。儘管如此，當查理因肺炎住院時——那是在他一百零七歲的時候——我開始確信他的生命結局已經逼近了。

現代醫學早期的巨人之一，威廉．奥斯勒（William Osler）在他一八九二年出版的教科書《醫學的原理與實踐》（*The Principles and Practice of Medicine*）就寫到老年肺炎的高致死率。奥斯勒寫道：「它被稱爲老人的自然結局。」事實上，由於此一疾病能夠讓病人在相對不痛苦的情況下死去，因而有一個別名：老人之友。

查理當然算是一位老人。我不想失去好友，但是我也慶幸他在駕鶴西歸的同時能少受一些病痛。帶著這種豁達的心情，我詢問他的病房號碼，準備去向他道別。

他是住在鄉村俱樂部廣場附近一所醫院的高樓層單人病房內。這種禮遇是所謂的**專業禮儀**，我這樣想著。病房的窗簾在正午時分放下來，爲室內染上一層淡暮。查理瘦弱的身子躺在白色的被單下酣睡著。病房內唯一的聲音是他輕微的鼾聲，幾乎像是嬰兒的呼嚕聲，一旁的心率監測器隨著綠光螢幕上的鋸齒狀跳動發出嗶嗶聲。我在門口停下腳步，然後悄悄地退回走道。

幾分鐘後一位護士走過來，看見我站在那裡。

「需要幫忙嗎？」

「我是來探望懷特醫生的，」我說道。「不過他還在睡覺。」

「噢，」她說道。「進去吧，反正我們差不多要叫醒他了。」

我小心翼翼地走到他的床邊，站了一會兒，還是有些猶豫。突然一陣鼻息打斷了他平穩的呼吸；他猛地一動，睜開眼，問道：「是誰？」

我告訴他是我，抱歉把他吵醒了，但是查理雙眼定在我身上，立刻就打開話閘子。我進來時是躡手躡腳走到床邊，有如踏入墳墓，現在我們就只是輕鬆接起上次話題的好朋友。

查理向我保證，在幾袋靜脈輸液與幾劑抗生素後，他已感覺好多了。我們聊了一會兒，就跟平時沒有兩樣。查理給我上了一堂肺炎治療的歷史課，告誡我別忘了奧斯勒是在盤尼西林發明前寫下那本書的。他告訴我這所醫院是如何變成現在這個樣子，回憶每棟建築、側翼與附屬建築是如何建成的。他問候我的家人，勸我相信我的孩子未來一定會過得不錯。他如往昔一樣生氣勃勃，我很快判斷查理又一次逃過死神的魔掌。

當一位身穿白袍的心臟科醫生走進來，我的判斷獲得證實。這位醫生是我的朋友與鄰居麥特，他以前是耶魯大學游泳隊員。查理顯然受到完善的照顧。麥特複查了他文件夾上幾項測試的結果，然後宣布他很滿意病人的康復情況。查理可以在一天之內出院。

「你可能需要做一個備註，麥特，」我向他建議。「在你的職業生涯中，你大概不會讓多少個一百零七歲的肺炎病人出院。」

而且，他還藏著一張王牌。

到了一百零八歲的時候，查理終於失去他的獨立。就算有瑪德琳與道格的協助，他也無法繼續住在家裡了。他搬到一所高級的護理之家，他在這裡可以跟瑪麗・安一起待在大廳裡，隨時握著她的手。

道格有一天告訴我，查理的狀況正在迅速走下坡。這位不朽的人物有生以來第一次告訴他的親朋好友，他感覺死亡已經接近，而且他已準備好了。查理的眾多好友與仰慕者也都有了心理準備，等待死神將他接走。但是隨著徐徐春風又一次吹過密蘇里山谷，接著是人樹在夏季展開綠色的大傘，查理又改變心意了。他的生日即將到來，而他已撐了這麼久，他覺得乾脆就繼續前進到一百零九歲。

我心想，這太不像查理的風格了，竟然想像自己能控制力量強大、喜怒無常的死神。斯多噶主義的中心思想之一是死亡自有安排，隨時都可能來敲門，唯一能確定的是它最終一定會找上你。因此，正如和藹可親的羅馬哲學家暨劇作家塞內卡（Seneca）所言：「我們每天都要平衡生命的收支簿。」這是查理延續一生的做法，但現在他將路線設定為一百零九歲，拖延了他的最終結算。

時序從光輝的五月進入溫暖的六月，然後來到揮汗如雨的七月。一個漫長炎熱的日子過了又是另一個，直到有天我接到道格的電話，他告訴我查理走了。老實說，我已記不清又過了多久，我才翻閱日曆——然後不禁搖頭，因為我的頭腦在湧入的驚奇和滿足中微微暈眩，這種感覺我常常會和查理聯想在一起。那一天是二〇一四年的八月十七日。

就在他生日後的凌晨，他悄然撒手。

數以百計的人前來參加查理的喪禮。我的四個孩子坐了二十分鐘的車來到聖保羅的聖公會教堂，他們一路上都沉浸在手中螢幕上寬廣無垠的數位宇宙裡。我們停在入口附近，廂型車的車門像魔術般自動滑開。我們離開有恆溫系統的車子，進入有恆溫系統的教堂中。頭頂上，在高到看不見的地方，有許多鋁管載著數以千計的乘客以每小時數百英里的速度橫越大陸。一個多世紀之前始於伊利諾州蓋爾斯堡的故事，在馬匹、篷車與緩慢前行的火車間拉開序幕，如今在一個完全改觀的世界中劃下句點。

這座聖堂有著石柱與光彩奪目的玻璃窗，是由年輕城市裡的人們所建造的，這樣的建築讓他們錯覺自己一直都在這裡。雖然教堂看似古老，卻比查理年輕。在歡笑多於眼淚，音樂多於哀悼的氣氛下，我們向查理道別。

「我從來沒有多想過這個問題，」查理有次對一位訪問者說道，這人請教他，他的人生哲學爲何。有許多作家與口述歷史學家在查理生前最後十年間帶著好奇來訪問他。他大方地與報紙、電視和雜誌記者分享他的故事。他們都和我一樣爲他傾倒。

這位採訪者提出了看來相當簡單的問題。查理有一個世紀的時間來思考這個問題，他一定是從父親意外身亡的那一天就開始思考人生的意義。然而此時他卻似乎有些措手不及。

「我就是努力過活，」他最後這樣說。事實上，查理採用了他母親的哲學，這種哲學「非常單純」，而且讓查理受用無窮：「做正確的事。」這是一套非常實用的哲學，他繼續說道：「你只要做正確的事，就可以解決各種各樣的遭遇。」

愈答愈起勁的查理繼續說道：「我常常說：『一切都會好轉的。』不論是什麼挑戰，『你必須慢慢解決它，堅守原則，別放棄。堅持下去。在消極主義中是找不到未來的。』」

最後，「沒有人會替你做這些，你必須自己面對。所以，別放下你的

dauber——無論發生什麼事。」

在這變化無常的一生中，穿越經濟蕭條與繁榮、戰時與承平時期、年輕與衰老、喜悅與悲傷，難道這一切都可以歸結爲如此的一份單純嗎？

在查理的遺物之中，他的家人發現一張印有「克萊里奇園」（Claridge Court）的便條紙，也就是查理晚年時所住的那個社區。

他顯然一直心繫那位訪客的問題。當他感受到生命即將完結，查理於是坐下來，取出便條本，萃取出了他的人生哲學。他用流暢的原子筆跡在便條紙的正反兩面都寫滿了字。查理是一位行動派，他寫下了明確的指令。

自由思考

這是他起頭的第一句話，直截了當。

培養耐心
笑口常開
品味特殊的時刻

查理的清單在便條紙上源源湧出。他的字跡平穩有序，沒有擦痕，顯示他沒有任何猶豫與遲疑。每一句話都只不過短短幾個字——彷彿一個快樂與富饒的人生可以寫進三、四十句簡潔的密碼之中。結交與維繫朋友。告訴所愛之人你的感受。寬恕與尋求寬恕。

自由感受
看見奇蹟

實現奇蹟

他也寫到，要相信自己有能力承擔風險；寫到要敞開心胸與做好準備以抓住機會；寫到欣賞世界中的美：春風雨露、彩虹當空、旭日初升。

有時要懂得柔軟
需要時就哭
去犯一些錯
從錯誤中學習

我讀著查理的清單——他邁向充實人生的積極步伐——看來每一條都像是賀卡或是臉書迷因。查理從逾一個世紀的生活中所學的教訓其實都是我們早就知道的，我們早已聽過上千遍。

但是經過數年時間的思索——這些年頭，就如詩人艾略特（T. S. Eliot）所言，「我曾看到永恆的侍者拿著我的外套，暗自竊笑。」——我得到一個結論，好的人生是由兩大部分組成。在第一個部分，我們會讓事情複雜化。我們面對單純的童年世界，然後去發掘其中的複雜性。沒有一件事完全如外表看來那樣。事情跟大人告訴我們的也不一樣。我們會說：「沒錯——可是……」、「另一方面來說……」以及「說不定沒有那麼簡單」。

然後，如果你活得夠久，我們在進入第二個階段時會變得較柔軟，開始將事情簡單化。不論世上所有圖書館內所有書架上的所有書籍怎麼說，人生最終都是由一系列獨立的時刻與個別的決定所組成。我們面對的事情也許複雜，但是我們能做的卻十分簡單。「做對的事。」勞拉・懷特以此教導她的兒子。「己所不欲，」某位老師這樣告誡門徒，「勿施於人。」

查理活的時間長到複雜性的面紗已全然脫落，他看清了生活其實並不如我們想像的那麼艱難。或者：不論生活有多麼艱難，我們都可以將生活之道濃縮成寥寥數語。這些基本原則聽來十分熟悉，並非因爲它們已經老掉牙，而是因爲它們是顚撲不破的眞理。

我的腦海中泛起他的身影，他的眼神儘管黯淡，但是心如明鏡，在紙上寫下他簡單的哲理。

辛勤工作

散播歡樂

勇於冒險

享受驚奇

而我找到了我的答案，就是我爲我的孩子們寫的這本書。一個人要如何在變革的動盪中成長茁壯？靠的是穩穩站在永恆不移的實地上。

致謝

我們在二〇〇七年之所以選擇堪薩斯的這間房子，有兩個原因：它有四個臥室可供我們四個孩子一人一間，還有就是校車直接停在我們的家門前。至於發現對街的查理・懷特這號人物純粹是運氣。不過還有一個意外的驚喜，我們的新家地址簡直可以寫作是「全世界最好的鄰居所在處」。道格・達爾格利什（Doug Dalgleish）——我們馮・德雷爾家小孩口中的D先生、也是查理・懷特的女婿——他簡直就是我的孩子的第二個老爸，而且遠比第一個老爸更爲風趣，同時也讓我認識了一群不斷擴大中的非凡好友。

查理的其餘家人對這本書的寫作也是鼎力相助，包括查理的么女瑪德琳・懷特・達爾格利什（Madelyn White Dalgleish）與她的姊姊蘿莉・懷特（Laurie White）。查理的另一位女婿傑克・摩爾慷慨提供他對這位老人的回憶（並在我需要時給予我醫療建議）。查理的繼子比爾．格姆肖和比爾的女兒露易絲．格姆肖（Lois Grimshaw）與我分享他們的記憶和紀念品。的確，在我們尋求幫助時，查理身邊的親人與好友都毫不遲疑地給予支持。

由「Voices in Time」團隊專家所錄製的口述歷史是寶貴的資源。他們捕捉了查理迷人的嗓音與他最喜愛的故事。他們的錄音也在查理無法再幫助我時，爲我梳理了一些疑惑。

這本小書花了我很長一段時間才完成。如果我將一路上爲我打氣、替我分擔、給予我鼓勵安慰的人都列出來，薄薄的一本書將變得厚重無比。看見奇蹟，查理如此勸告我們，我依循他的建議，徜徉於周遭朋友與家人給予我的愛與關懷的奇蹟之中。（我的好友約翰．赫倫〔John Herron〕是熟悉堪薩斯城與更廣大地方的專業歷史學家，感謝他先讀了這本書，並且糾正了其中一些錯誤。）

我還要感謝亨利、艾拉、愛迪與克拉拉——老早以前聆聽我唸了許多故事書的孩子們。謝謝你們對我的耐心：你們的存在讓我感到喜悅，儘管我有時沒有顯露出來。凱倫·鮑爾（Karen Ball）是我的靈感來源與一位作家夢寐以求的隊友，本書中許多最精彩的故事都是她發掘出來的。

我也要感謝艾絲特·紐伯格（Esther Newberg）與她在國際創造管理夥伴公司（ICM Partners）的團隊；《華盛頓郵報》與《時代雜誌》大力支持我的長官們：南西·吉卜斯（Nancy Gibbs）、麥可·杜非（Michael Duffy）、露絲·馬可斯（Ruth Marcus）與已在天堂的弗萊德·希亞特（Fred Hiatt）；喬納森·卡普（Jonathan Karp）、漢娜·朴（Hana Park）、賈姬·蕭（Jackie Seow），以及其他西蒙與舒斯特出版集團（Simon & Schuster）的夥伴們。

最後，我要對這個團隊的老大普莉希拉·佩因頓（Priscilla Painton）致上衷心的感謝，是她僱用我進入《時代雜誌》，給了我一份夢幻般的工作並啟動了這本書的寫作。她成爲書籍部門的主管後選中了查理的故事。她不僅是一位才華橫溢的編輯，工作之外的她也是一個出色無比的人。

作者與譯者簡介

■作者——大衛・馮・德雷爾 David Von Drehle

《華盛頓郵報》編輯和專欄作家，負責執筆有關國家事務和政治的文章。在二〇一七年加入《華盛頓郵報》之前，他在《時代雜誌》任職超過十年，擔任總編輯並為該雜誌撰寫了六十多篇封面故事。他的著作屢獲殊榮，包括暢銷書《三角：改變美國的大火》（*Triangle: The Fire That Changed America*）和《一切都會好轉的》。他與妻子卡倫・鮑爾一起居住在堪薩斯市，育有四名子女。

■譯者——王曉伯

曾任職財經媒體國際新聞中心編譯與主任多年。著有《華爾街浩劫》、《葛林史班：全世界最有權力的央行總裁》（合著）。譯作包括《AI製造商沒說的祕密》、《菁英體制的陷阱》、《光天化日搶錢》、《有溫度的品牌行銷》、《我們爲什麼要上街頭？》。

人生顧問 506

一切都會好轉的：查理的百歲人生教會我的事

作　者—大衛・馮・德雷爾 David Von Drehle
譯　者—王曉伯
副總編輯—陳家仁
協力編輯—張黛瑄、聞若婷
企　劃—洪晟庭
封面設計—日央設計
內頁排版—李宜芝

總編輯—胡金倫
董事長—趙政岷
出版者—時報文化出版企業股份有限公司
108019 台北市和平西路三段 240 號 4 樓
發行專線—（02）2306-6842
讀者服務專線—0800-231-705（02）2304-7103
讀者服務傳真—（02）2302-7844
郵撥—19344724 時報文化出版公司
信箱—10899 臺北華江橋郵政第 99 信箱
時報悅讀網—http://www.readingtimes.com.tw
法律顧問—理律法律事務所　陳長文律師、李念祖律師
印刷—勁達印刷有限公司
初版一刷—二〇二四年二月二日
初版六刷—二〇二四年五月十四日
定價—新台幣四五〇元
（缺頁或破損的書，請寄回更換）

時報文化出版公司成立於一九七五年，
並於一九九九年股票上櫃公開發行，於二〇〇八年脫離中時集團非屬旺中，
以「尊重智慧與創意的文化事業」為信念。

一切都會好轉的：查理的百歲人生教會我的事 / 大衛 . 馮 . 德雷爾 (David Von Drehle) 著；王曉伯譯 . -- 初版 . -- 臺北市：時報文化出版企業股份有限公司, 2024.02
320 面；14.8x21 公分 . -- (人生顧問；506)

譯自：The book of Charlie : wisdom from the remarkable American life of a 109-year-old man

ISBN 978-626-374-763-0(平裝)

1.CST: 懷特 (White, Charlie, 1905-2014) 2.CST: 傳記 3.CST: 美國

785.28　　112021196

ISBN 978-626-374-763-0
Printed in Taiwan